DIANWANG QIYE ZICHAN

QUANSHOUMING ZHOUQI GUANLI SHIJIAN

电网企业资产
全寿命周期管理实践

国网湖北省电力有限公司经济技术研究院
国网湖北省电力有限公司设备管理部

组编

中国电力出版社
CHINA ELECTRIC POWER PRESS

内 容 提 要

本书论述了资产全寿命周期管理体系的总体架构，旨在为企业提供一套系统化、流程化的资产管理方案。全书共十章，包括基本概念、资产全寿命周期体系建设、资产管理业务流程、资产管理策略、电网实物资产分析评价实践、生产成本精益管理实践、"资产墙"分析实践、项目管理实践、设备质量管控实践、资产管理展望。

本书可供电力行业资产全寿命管理人员学习使用。

图书在版编目（CIP）数据

电网企业资产全寿命周期管理实践/国网湖北省电力有限公司经济技术研究院，国网湖北省电力有限公司设备管理部组编. —北京：中国电力出版社，2024.8
  ISBN 978-7-5198-8682-0

  Ⅰ．①电…　Ⅱ．①国…　②国…　Ⅲ．①电力工业－工业企业管理－资产管理－研究－中国
Ⅳ．①F426.61

中国国家版本馆 CIP 数据核字（2024）第 030764 号

出版发行：中国电力出版社
地　　　址：北京市东城区北京站西街 19 号（邮政编码 100005）
网　　　址：http://www.cepp.sgcc.com.cn
责任编辑：肖　敏（010-63412363）
责任校对：黄　蓓　马　宁
装帧设计：赵丽媛
责任印制：石　雷

印　　　刷：三河市百盛印装有限公司
版　　　次：2024 年 8 月第一版
印　　　次：2024 年 8 月北京第一次印刷
开　　　本：787 毫米×1092 毫米　16 开本
印　　　张：11
字　　　数：228 千字
印　　　数：0001—1500 册
定　　　价：65.00 元

《电网企业资产全寿命周期管理实践》

编 写 组

主　编　姚志荣

副主编　鲍玉川　朱　涛　严道波　舒东胜

编　写　李智威　唐学军　张　洪　陈　理　白　尧　张赵阳
　　　　　王　巍　周　蠡　蔡　杰　李　智　方　钊　张　亮
　　　　　凌　波　李玲玲　李文山　马　莉　贺兰菲　孙利平
　　　　　廖晓红　许汉平　马　磊　俞　斌　王　晨　葛艳琴
　　　　　孔　娟　张亚平　张　苏　董　明　黄　立　李　进
　　　　　李庆林　李金鑫　乔　华　邵　芳　宋家超　史家云
　　　　　谭　娟　宁　骁　杨　龙　魏　巍　喻亚洲　张　浩
　　　　　吴　松　杜镇安　王一霖　熊川羽　汤　力　陈　然
　　　　　周英博　熊　一　舒思睿　张童彦　李吕满　徐昊天
　　　　　郑　慧　王　璨　田　锋　刘　洋　熊晓敏　刘　鑫
　　　　　王瑞洁

前　言

2012 年开始，国家电网有限公司在国际资产管理标准 PAS 55 和 ISO 55000 系列规范下，借鉴引用系列标准开展了资产全寿命周期管理体系探索与实践。走出了一条适用于电网企业资产全寿命周期管理的实践之路，相继出版了《电网企业资产全寿命周期管理理论、方法及应用》《企业资产全寿命周期管理》等专著。

明者因时而变，知者随事而制。随着能源产业转型升级和数字革命的加速推进，电网企业迫切需要通过提升自身管理效能来应对前所未有的外部环境变化和挑战。当前，国网湖北省电力有限公司正处于高质量发展跃上新台阶的重要机遇期、电网转型升级的关键窗口期、新型电力系统建设的攻坚突破期和世界一流企业的培育成长期，深化资产全寿命周期管理有利于我们更好跟上时代节拍、适应形势变化，为推动电网企业高质量发展创造有利条件。本书在前述专著的基础上，结合国网湖北电力多年管理实践经验，将全寿命周期管理融入规划计划、物资采购、工程建设、运维检修、退役报废等各个环节，形成了具有省级电网特色的管理经验。本书介绍了资产全寿命周期管理的基本概念、发展历程和总体架构，论述了体系建设的重要意义，阐述了各阶段业务流工作重点和管理要点，详细论述了策略制定、实物资产分析评价、生产成本精益管理、"资产墙"分析、项目管理及设备质量管控等关键应用领域的实际情况，为电网企业资产管理工作的持续健康发展提供了有益的经验参考和思路建议。

本书编制过程中得到了国家电网有限公司设备管理部、国家电网有限公司华中分部、国网经济技术研究院有限公司等单位的大力指导和支持！由于编者水平有限，书中难免存在疏漏之处，恳请读者提出批评和建议，在此表示感谢。

姚志荣

2024 年 7 月

目　录

第一章 基 本 概 念

资产全寿命周期管理是国际公认的一种先进管理理念，本章主要阐述资产管理的基本概念和发展历程，分析电网企业资产管理的特点和要求。

第一节 资 产 管 理 概 述

一、资产的定义

"资产"最早起源于美国会计学家坎宁（Canning）所著的《会计中的经济学》一书，"资产是指处于货币形态的未来服务，或可转化为货币的未来服务，它的权益是属于某个人或某些人。属于某个人或某些人的权益是合法的，或应该得到的，这些服务之所以成为资产，仅仅是因为它对某个人或某些人有用"。这一定义强调了资产的权益性。会计学中资产一般是总资产的概念，是由负债和所有者权益在企业中形成的价值表现。《企业会计准则——基本准则》更为准确地定义了资产，"资产是指企业过去的交易或事项形成的、由企业拥有或控制的、预期会给企业带来经济利益的资源"。

管理学对资产的定义则更加宽泛，"资产是对组织有实际或潜在价值的项目事物或实体，包括任何类型的资产，如实物资产、货币金融资产、具备技术能力的人力资产和企业拥有的数据资产（可开展数据分析并产生价值）等"。在各类资产中，实物资产是其重要形式，通常指企业拥有的明确可量化的有形资产，并具有物质形态。这些实物资产包括固定资产和低值耐久品、材料消耗品等，以固定资产为主。固定资产是指使用期超过一年的房屋、建筑物、机器、机械、运输工具以及其他与生产、经营有关的设备、器具、工具等。

根据国家统计局发布的数据，以固定资产为主要形式的实物资产在社会资本中占据了重要地位。现代大型企业往往存在多种类型资产并存的现象，不同行业的企业因业务差异性的影响，其资产结构也有所不同。例如，金融类企业中金融资产占比较高。电力、交通、铁路等基础性服务行业的企业实物资产占比较高，而 IT（信息技术）、互联网等技术型企业则信息资产（或数据资产）和人力资产占比较高。本书的研究对象主要集中在实物资产上，同时也包含了实物资产管理过程中涉及的其他相关类型的资产。

二、资产管理的定义

资产管理起源于金融行业，是指委托人将自己的资产交给受托人，由受托人为委托人提供理财服务的行为，也是金融机构代理客户资产在金融市场进行投资，为客户获取投资收益的实际过程。

随后，资产管理逐渐演变为一系列系统的业务活动，这些活动旨在优化管理组织的资产，从而实现资产在生命周期内绩效、风险和成本的综合最优，最终实现组织的整体战略目标。对于企业而言，资产管理是其生产经营中不可或缺的重要环节，从资产的采购、运输到验收、保管，再到合理使用，这些工作流程都属于资产管理的范畴。而在这个过程中，涉及的管理对象不仅局限于实物资产，还涉及金融资产、人力资产、信息资产、无形资产等范畴。因此，资产管理是以实物资产为主要管理对象，同时围绕相关的各类资产，开展一系列统筹协调工作，以实现企业的整体目标。

实物资产管理是指一系列系统的、协调的活动和方法，相关组织通过这些活动，能够优化管理其实物资产，并实现实物资产管理的目标。该过程实质上是对企业实物资产的运营管理。不同类型的资产管理工作并非完全独立，而是相互包含，表现出一定程度上的互相依存。

在实物资产占比重大的资产密集型企业中，实物资产的管理效率能够直接影响企业的经营业绩，因此，实物资产管理是企业经营管理工作中的重中之重。值得注意的是，在管理实物资产的过程中，不仅要关注设备本身，还要根据企业的价值目标导向，关注实物资产能否发挥出更大的价值。

三、资产管理的发展历程

企业资产管理的发展历程一般可以分为设备维修管理、设备综合管理和资产全寿命周期管理三个阶段。在最初的阶段，资产管理主要集中在设备的运行和维护业务上。然而，随着时间的推移，资产管理逐渐扩展到规划计划、物资采购、工程建设、运维检修、退役报废等各个环节。同时，资产管理的理念也发生了转变，从单纯关注设备安全转变为追求全寿命周期成本（life cycle cost，LCC）的最优化。

1. 设备维修管理

作为固定资产的重要组成部分，设备在企业的运营中发挥着至关重要的作用。在国外，设备工程被定义为"有形固定资产的总称"；而在国内，设备管理理论则在不断吸收国外先进经验的基础上，逐步形成了具有中国特色的设备维修管理模式。设备维修管理是指企业为了达到经营目标，对全寿命周期内的设备进行系列运维检修活动。这些活动旨在确保设备能够保持或者恢复到能够履行其既定功能的状态。在设备维修管理的发展过程可分为四个阶段，即后期维修、定期维修、生产维修和状态检修。

（1）后期维修阶段（20世纪50年代前）：设备的结构相对简单，维护与修理的专业性要求较低，成本支出也较少。因此，在设备损坏后进行维修对企业的影响并不大。随着工业发展的演变，设备的维修难度逐渐提高，对设备维修与管理人才的要求也越来越高，最终衍生出专门的维修管理人员。

（2）定期维修阶段（20世纪50～60年代）：设备的检修间隔期成为制定检修计划的关键依据。在这种模式下，设备在故障缺陷发生之前就会进行预防性修理。面对越发精密的设备，美国和苏联为降低检修带来的故障损耗，创新提出了定期维修的维修模式，降低了故障时间对维修工作的影响。

（3）生产维修阶段（20世纪60～70年代）：生产维修由预防维修、事后维修、改善维修和定期维修四部分构成，具有一定的灵活性和物流工程的特征。

（4）状态检修阶段（20世纪70年代至今）：状态检修指采用状态监测及诊断技术评估设备状况，预测设备缺陷及故障发生概率，从而实现提前检修。该阶段以同时兼顾设备技术状态和经济成本为目标。

2. 设备综合管理

20世纪70年代，英国设备综合工程中心的丹尼斯·帕克斯在设备工程年会上发布了一份报告，提出了一个全新的设备管理理论——设备综合工程学。在此之后，日本在采用的事后维修（BM）管理模式的基础上，借鉴了美国的预防维修（PM）、生产维修可靠性工程以及英国的综合管理工程概念，创建了具有鲜明特色的全员生产维修制度（total productive maintenance，TPM）。自此，设备管理从传统的设备维修管理阶段进入了全新的设备综合管理阶段。

设备综合管理是一项运用全面、系统、长远的观点来实施的工程，通过采用各种技术手段、经济措施和组织安排，旨在实现设备寿命周期费用最经济、综合效率最优的目标，从而获得最佳的经济效益。

设备综合管理的特点：

（1）全过程的系统管理。设备综合管理不仅要求对设备进行前期的管理，如设备投入生产前的规划、设计、购置、安装和调试等过程的管理，同时要对设备的使用维护和改善等后期工作进行管理。

（2）全方位的综合管理。设备综合管理强调从资产管理、技术应用和财务资源对资产设备进行综合性管理，以提高资产设备的安全性能、技术性能和经济效益。管理上注重专业协同，激发全员潜力，提升整体效率；技术上注重融合现代信息、生产和维修技术，推进设备更新换代，保障设备运行安全；财务上注重资产配置优化，加强生产、运输及运维方面成本控制。

（3）全员参与的群众性管理。设备综合管理强调企业内部从上到下所有与设备有关的部门和人员都应参与设备管理的活动，重视设备、采购、财务、人力等部门协同管理，形成一条完整的价值链。

3. 资产全寿命周期管理

20世纪初，瑞典首次提出全寿命周期成本管理理念，并将这一理念应用于铁路系统，为瑞典国家铁路局节约了大量成本。20世纪60年代，美国将资产全寿命周期管理理念引入装备维护费管理，建立了一套先进的监测系统，实时跟踪装备的状态和性能，制定预防性维护计划，减少停机时间。自从美国在军事领域应用资产全寿命周期管理方法取得了显著成效，英国、加拿大、法国等国家也纷纷将该理论引入机器设备的建造、使用和处置过程，资产全寿命周期管理理念借此进入了发展的快车道。

对电网企业而言，资产全寿命周期管理是以企业总体发展目标为指引，以实物资产为核心，全面统筹与实物资产相关的人力、信息、金融、无形资产等资源，运用系统工程的方法和模型，对资产全寿命周期进行全面、系统、高效的管理，它涵盖了资产从规划计划、采购建设、运维检修到退役处置的全过程，致力于实现资产全寿命周期内的安全、效能和成本的综合最优。与传统的设备综合管理相比，资产全寿命周期管理更加注重资产设备在各个环节之间的高度协同管理，包括目标、制度、资源、标准等方面。通过这种方式，资产全寿命周期管理能够使系统或设备的周期成本降至最低，并使全寿命效益达到最佳状态。

资产全寿命周期管理的理论基础包括管理理论、技术理论和经济理论：

（1）资产全寿命周期的管理理论主要强调资产管理和成本控制贯穿整个生命周期，是运用信息论、系统论、组织行为学、决策论和运筹学各个理论综合的产物。由于资产的经营管理策略和方法在全寿命周期的各个阶段有所不同，所以需要建立一个动态管理的模型来研究资产的整个寿命周期，全面科学地进行信息反馈。

（2）资产全寿命周期的技术理论主要研究资产在整个寿命周期内的维修特性和故障特性，是建立在维修工程学、故障物理学、设备诊断技术和可靠性科学理论的基础上，运用新技术提高设备的可维修性和可靠性，以及提高资产的利用率等。

（3）资产全寿命周期的经济理论强调资产的绩效评价和维修成本、资产折旧更新、生命周期成本等，经济理论是市场营销学、价值分析、经济学相结合的产物，旨在掌握资产的经济寿命和物理寿命，分析资产的更新换代、投资、维修经济价值所在，从而达到生命周期费用消耗最小。

四、电网企业资产管理范畴

作为资产密集型企业，电网企业资产以实物资产为主。因此，对电网企业来说，资产管理是对企业的实物资产实施的一系列管理活动，即通过建立一整套针对实物资产的管理政策以及相应的计划、运行、监控等作业动态管理，从而实现持续的社会和经济收益。

1. 电网实物资产管理

根据《国家电网有限公司电网实物资产管理规定》，电网实物资产是指属于固定资产范畴的电厂设备、电网一次设备、厂站自动化系统、调度自动化系统、继电保护及安全自动装置、电力通信设备、自动控制设备、电网（厂）生产建筑物、构筑物等辅助及附属设施、安全技术劳动保护设施、非贸易结算电能计量装置、试验及监（检）测装备、专用工器具、生产服务车辆及相关备品备件等。

（1）电网企业实物资产管理原则。

1）统一标准、分级负责。建立统一的电网实物资产管理制度体系和业务流程，强化分级管理，明确分工，落实责任，保障资产安全完整。

2）优化投资、提升效能。深化状态检修，建立基于资产（设备）评价的项目立项决策机制，优化资产投资策略，提高设备健康水平和资产效益。

3）统筹兼顾、信息融合。加强电网实物资产管理与价值管理结合，提升实物资产管理数字化水平，推动设备管理向资产管理转变。

4）分析评价、持续提升。加强资产全寿命周期分析评价，完善闭环管控机制，促进电网实物资产管理工作持续提升。

（2）电网企业实物资产范围。电网企业实物资产主要包含以下十大类资产。

1）输电线路：包括架空输电线路、电缆输电线路。

2）变电设备：包括交流设备和直流设备。其中，交流设备包括主变压器（简称"主变"）、站用变压器（简称"站用变"）、接地变压器（简称"接地变"）、断路器、隔离开关、开关柜、电压互感器、电流互感器、交流电容器、电抗器、组合电器、避雷器、站内电缆、其他交流一次设备；直流设备包括换流变压器、换流阀、直流电抗器、交流滤波器、直流滤波器、其他直流一次设备、换流站二次设备、换流站辅助设备。

3）配电线路及设备：包括配电线路和配电设备。其中，配电线路包括架空配电线路和电缆配电线路；配电设备包括配电变压器和其他配电设备。

4）通信线路及设备：包括通信线路和通信设备。

5）自动化控制设备及仪器仪表：包括自动化系统及设备、继电保护及安全自动装置、仪器仪表及测试设备、信息系统设备和其他控制和保护设备。

6）生产管理用工器具。

7）运输设备：包括汽车运输设备和其他运输设备。

8）辅助生产设备及器具。

9）房屋。

10）建筑物。

（3）电网企业实物资产管理内容。电网企业实物资产管理包括资产新增管理、日常管理、资产退役管理、信息维护、分析统计。

1）资产新增管理。资产新增管理包括电网实物资产清点、验收、交接，设备台账、资产卡片创建及对应等工作，其中，资产新增形式包括工程项目、零星购置，以及调拨、划转、投资者投入、捐赠或无偿调入等。

2）日常管理。日常管理包括资产维护、资产清查盘点、资产账卡物一致性核对、资产投保。

3）资产退役管理。资产退役管理是资产全寿命周期管理的重要环节，包括退役资产评估论证、退役资产再利用、废旧物资处置。

4）信息维护。信息维护是指实物资产的新增、退役、调拨、报废等各项业务按照相关信息管理规范进行上线应用，包括资产新增、退役、调拨、报废等变动信息同步更新至 PMS（生产管理信息系统）、TMS（运输管理系统）、OMS（订单管理系统）等相关业务管理系统及 ERP（企业资源计划）系统信息，确保资产管理各专业系统数据完备准确，保证资产账卡物动态一致。

5）分析统计。统计分析重点是开展电网实物资产分析评价工作，综合分析资产规模、结构、状态、效率（负载）、缺陷等情况，预测资产状况及电网企业未来资产运营压力和风险，为电网企业制定资产投资、运维、处置策略提供支撑。

2. 固定资产管理

电网固定资产是指为生产商品、提供劳务、出租或经营管理而持有的、使用寿命超过一个会计年度的、相关经济利益很可能流入企业、成本能够可靠计量的有形资产。

（1）电网企业固定资产管理目标。电网企业固定资产管理的目标是：适应输配电价监管和国资监管要求，持续夯实有效资产，确保资产价值管理与实物管理统一联动，账、卡、物动态一致；资产安全完整，资产的效能和效用最优；资产配置科学合理，电网企业整体效益最大化。

（2）电网企业固定资产管理内容。电网企业固定资产管理包括固定资产目录和折旧、固定资产变动、固定资产保险管理、固定资产信息化管理、固定资产日常管理。

1）固定资产目录和折旧。固定资产目录和折旧是指电网企业制定统一的固定资产目录，并建立固定资产目录动态管理机制。固定资产目录包括固定资产分类、固定资产名称、折旧年限和净残值率等内容，明确核心电网资产的重要组成设备范围。

2）固定资产的变动。固定资产的变动是指固定资产的增加、减少。变动方式包括购建、转让、投资、债务重组、捐赠、调拨、根据行政命名调整、置换、盘盈、盘亏、报废等。

3）固定资产保险管理。固定资产保险管理是电网企业根据生产、经营、建设的实际需要，在确保资产安全稳定运行基础上，合理确定固定资产投保范围，科学安排投保险种。原则上，应将全部电网固定资产和重要非电网固定资产纳入保障范围，确保足额投保。

4）固定资产信息化管理。固定资产信息化管理是指按照电网企业信息化建设的统一部署和要求，将统一的资产管理信息标准及业务流程规范，纳入企业信息系统开发、建设和应用。

5）固定资产日常管理。固定资产日常管理是指电网企业按照共建共享原则，根据固定资产目录和有关要求，建立设备台账及固定资产卡片，并及时做好台账和卡片信息维护及账、卡、物一致性核对工作，确保台账及卡片信息准确反映资产初始和后续变动有关情况。

第二节 资产管理体系概述

一、资产管理体系的定义

资产管理体系由组织中一组相互关联或相互作用的要素组成，其职能是建立资产管理方针和资产管理目标以及实现这些目标所需的过程。资产管理体系的要素包括方针、计划、业务流程和信息系统，有效整合以上要素可以有效保证资产管理活动的执行。建立资产管理体系对组织而言是重要的战略决策，其提供了一种结构化方法，指导组织在资产寿命周期不同阶段创建、协调和控制对资产所开展的活动，并将这些活动与组织目标相统一。

二、资产管理体系标准的演进

资产管理体系发展，催生了一系列资产管理标准的建立。在国际范围内，通用的资产管理体系标准主要包括 PAS 55 系列标准和 ISO 55000 系列标准。

PAS 55 系列标准是由英国资产管理协会和英国国家标准委员会联合制定，自 2004 年发布以来，一直广泛应用于国际资产密集型企业。2008 年，该标准融入了资产管理策略、目标、计划、实施、能力、绩效、风险等 28 个方面的具体要求及最佳实践，并在 2014 年随着 ISO 55000 系列标准的发布逐步废止。

ISO 55000 系列标准是在 PAS 55 系列标准的基础上，由国际标准化组织（ISO）结合全球众多企业的资产管理实践经验形成的通用体系标准。该标准的制定始于 2010 年，由包括中国在内的 31 个国家共同参与，于 2014 年正式对全球发布。目前，ISO 55000 系列标准已在全球多个政府及监管机构以及国家、地区的电力、煤气、水务、港口、铁路等众多企业得到应用和实践。

1. PAS 55 系列标准

PAS 55 系列标准也称为《固定资产管理体系标准》，旨在优化实物资产管理和推动可持续发展。该标准主要应用于固定资产管理领域，PAS 55 系列标准包含 PAS 55-1 资产管理规范和 PAS 55-2 资产管理实施执行建议两个部分。

（1）PAS 55-1 资产管理规范描述了资产管理体系的管理标准和工作要求，明确了成功的资产管理所需的关键原则和特征，为企业提供了一个指导框架。通过 PAS 55 系列标准构建的资产管理体系，自上而下依次是企业战略规划、资产管理政策、资产管理策略、资产管理目标、资产管理实施，企业战略和资产管理日常活动之间的纵向"一体化关系"是资产管理体系中非常重要的一部分，其确保资产管理业务活动自上而下纵向贯通。

（2）PAS 55-2 资产管理实施执行建议是对 PAS 55-1 内容的详细说明和扩展，提供了资产管理应用规范及实施建议。这些规范和建议旨在帮助企业更好地理解和应用 PAS 55-1 中的标准，从而在实践中实现更有效的资产管理。

作为应用范围最广泛、体系建设最完整的资产管理标准，PAS 55 系列标准得到超过 50 个政府及监管机构，10 个国家及 15 个区域的电力、煤气、铁路等行业众多企业的广泛应用。其中，英国能源监管机构（office of gas and electricity markets，OFGEM）将 PAS 55 作为监管标准，要求所有公用事业电力、燃气公司必须通过 PAS 55 标准认证；荷兰监管机构则基于 PAS 55 制定了 NTA 8120 标准，作为公用事业监管标准；全球通过 PAS 55 认证的电力企业达数十家。

2. ISO 55000 系列标准

ISO 55000 系列标准包括 ISO 55000《资产管理 概述、原则和术语》、ISO 55001《资产管理 管理体系 要求》、ISO 55002《资产管理 管理体系 ISO 55001 应用指南》，该系列标准旨在开发一个前瞻性的资产全寿命周期管理系统，并将组织的资产管理系统与相关的管理系统要求相结合，从而有助于提高资产管理水平并降低成本，同时满足所需的性能和安全要求。任何组织的资产是实现业务目标的重要关键因素，都适用于这个标准。

（1）ISO 55000《资产管理 概述、原则和术语》明确了资产管理和资产管理体系综述，阐明了资产管理和资产管理体系使组织获益，同时明确了资产管理体系与资产管理的关系，并从价值、统一性、领导力、保证等方面明确资产管理活动的基础，同时提供了 ISO 55001 和 ISO 55002 的应用环境。标准提出了资产管理体系要求的 7 项要素，即组织环境、领导力、策划、支持、运行、绩效评价、改进，并对 7 项要素的内涵逐一给出解释。该标准阐述了整合的管理体系方法，即组织将资产管理体系要素与质量、环境、健康、安全与风险管理等其他的管理体系相结合，以缩短组织实施新管理体系的时间、降低费用和风险，并改进多管理体系整合和跨职能协作。在术语部分，该标准给出了通用术语 23 个、与资产有关的术语 7 个、与资产管理有关的术语 6 个、与资产管理体系有关的术语 3 个，共计 39 个术语，包括了全部系列标准中使用的术语。

（2）ISO 55001《资产管理 管理体系 要求》提供了一个集成的、有效的资产管理体系的规范要求，标准给出的资产管理体系 7 项要素主要包含的内容如下。

1）组织环境：包含理解组织及其环境、理解相关方的需求与期望、确定资产管理体系的范围、资产管理体系的建立、实施、保持和持续改进等相关内容。

2）领导力：包含领导力与承诺、资产管理政策的建立、组织的角色、职责与权限等相关内容。

3）策划：包含资产管理体系中应对风险与机遇的措施、资产管理目标和实现目标的策划等相关内容。

4）支持：包含资源、能力、意识、沟通、信息要求、文件化信息等方面的支持等相关内容。

5）运行：包含组织对管理体系运行的策划与控制、变更管理、资产管理外包等相关内容。

6）绩效评价：包含监视、测量、分析与评价、内部审核、管理评审等相关内容。

7）改进：包含不符合和纠正措施、预防措施、持续改进等相关内容。

（3）ISO 55002《资产管理 管理体系 ISO 55001 应用指南》是实施资产管理体系的指导性文件，适用对象包括资产管理体系的创建、实施、维护和改进过程中涉及的个人或群体，以及执行资产管理活动的个人、群体和服务供应商。该标准明确了资产管理体系的构成，包括组织建立资产管理政策和目标，以及实现这些目标所必需的相互关联或相互作用的一组要素。ISO 55002 在多个方面对 ISO 55001 提出的要求进行了详细的解释和说明，包括组织环境、领导力、策划、支持、运行、绩效评价、改进等要素，旨在为组织提供科学、有效和全面的指导，以帮助更好地实施资产管理体系。通过建立具有约束力的资产管理体系，可以确保组织各项资产管理活动和影响资产管理结果的全部因素都处于受控状态。该标准还对资产管理体系的持续改进提出了要求，以促进组织的整体稳定和发展。

3. 国内资产管理标准

2016 年，中国标准化研究院使用翻译法等同采用 ISO 55000 系列标准，形成 GB/T 33172《资产管理 综述、原则和术语》、GB/T 33173《资产管理 管理体系 要求》、GB/T 33174《资产管理 管理体系 GB/T 33173 应用指南》三项国家标准，适用于国内所有类型的资产和所有类型及规模的组织建立资产管理体系。2018 年，国家能源局依据 GB/T 33173《资产管理 管理体系 要求》，结合电力企业的资产及资产管理特点，发布电力行业标准 DL/T 1868《电力资产全寿命周期管理体系规范》，围绕企业环境、领导力、策划、支持、运行、绩效评价、改进七个方面，对电力企业的实物资产管理及管理体系提出了具体要求，指导电力企业应用 GB/T 33173《资产管理 管理体系 要求》，为电力企业建立、实施、保持和改进资产管理体系提供依据。

在国内电网企业资产管理标准建设中，国家电网有限公司（简称"国网公司"）于 2012 年参照 PAS 55 系列标准，结合其多年资产管理实践经验，制订发布国内首个关于资产管理的企业标准《国家电网公司资产全寿命周期管理体系规范》（Q/GDW 683—2012）。2015 年，国网公司结合 ISO 55000 系列标准的最新要求，充分总结体系建设及运行经验，开展企业标准修订，重新发布了《国家电网公司资产全寿命周期管理体系规范》（Q/GDW 1683—2015）。Q/GDW 1683—2015 企业标准对于国网公司全面推广实施资产全寿命周期管理体系起了关键作用，但随着资产管理工作的深入开展，逐步显现出一些不足，主要体现在缺少国标中关键要素，要素之间的联系和作用描述不充分，资产全寿命周期活动所包含过程的控制要求不明确等方面。2018 年，国网公司结合国家标准 GB/T 33173 和行业标准 DL/T 1868 的要求，本着先进性、可操作性、可执行性、统一性和协调性等原则，对 Q/GDW 1683—2015 企业标准进行第二次修订，历时两年，于 2020 年重新发布了《国家电网公司资产全寿命周期管理体系规范》（Q/GDW 10683—2019）。

《国家电网公司资产全寿命周期管理体系规范》（Q/GDW 10683—2019）由组织环境、领导力、策划、支持、运行、绩效评价和改进等章节内容组成，提出了电网企业建立、实施、保持和改进资产全寿命周期管理体系的要求。在建立或更新资产管理体系时，应识别与企业目的有关的内外部环境以及相关方的需求与期望，并考虑相关的决策准则，从而建立、实施、保持和改进资产管理体系。在领导力章节中，明确了领导力在资产全寿命周期管理体系中的核心作用，最高管理层确保建立资产管理方针、战略资产管理计划及资产管理目标，并与企业目标相一致，确保提供人、财、物等资源确保员工的职责权限明确等。

在策划章节中，明确了建立战略资产管理计划，提出策划资产管理体系时，应考虑风险和机遇以及应对措施。同时应建立资产管理目标，保持与资产管理方针、战略资产管理计划一致，并对如何实现资产管理目标进行策划，同时考虑合规义务要求。在运行章节中，明确了资产全寿命周期管理过程的策划、实施及控制，提出了包含规划设计、物资采购、工程建设、运维检修、退役处置等各环节的资产管理管控要求，并进一步明确过程中的变更及外包管理要求，以及突发状况的应急管理等要求。

资产管理体系各要素之间的关系如图 1-1 所示。

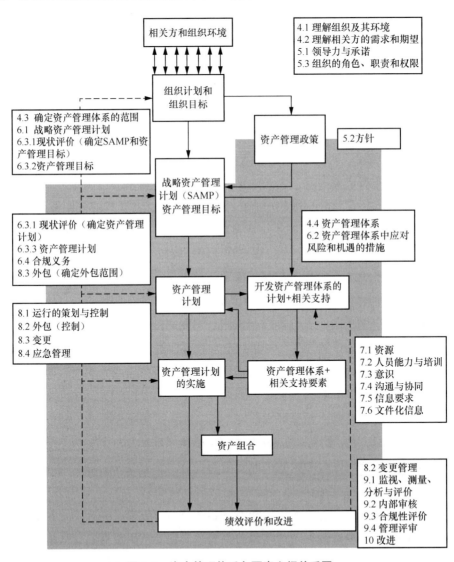

图 1-1　资产管理体系各要素之间关系图

三、资产管理体系应用实践

建立资产管理体系是公用事业类资产管理发展的必然趋势，而 ISO 55000 系列标准则是未来国际资产管理的标杆。面临日趋复杂的经营环境，全球大型资产密集型企业纷纷引进先进的资产管理理念和方法，按照 ISO 55000 国际标准构建了各具特色的资产管理体系，以实现经济、安全和稳定的电网资产运行。下面以英国国家电网公司、加拿大 HyDro 公司、澳大利亚 Powerlink 公司、中国国网公司、中国南方电网有限责任公司（简称"南网公司"）等电力公司为例，简要介绍国内外电网企业资产管理的先进经验。

1. 国外电网企业资产管理实践

（1）英国国家电网公司。英国国家电网公司（National Grid，NG）拥有并负责管理英国的绝大部分输电网络。为实现资产整个寿命周期的全过程管理，该公司将资产全寿命周期划分为四个不断地循环、完善和融合成为一体化流程的阶段，包括电网资产绩效表现评估、资产策略制定、网络规划和电网建设，从流程上将资产管理的整个过程纳入统一管理。通过掌控资产与人力资源、资本性投入、资产采购、运维成本和停电安排的关联关系，辅以信息系统支持，确保所有技术与财务基础数据可以开展定量的评价与决策，大大提高了资产管理流程的效率和准确性。

英国国家电网公司实施资产全寿命周期管理的显著特点在于引进了一系列先进的工具和方法。首先，在投资决策方面，该公司结合自身实际情况，引入了先进的方法、流程和工具来评定投资优先级，对一种或多种投资类型进行优先级排序。其次，在状态与风险管理方面，实施了综合性动态风险评估工具，模拟不同的投资策略及其限制因素对资产状态和故障概率的分析和影响。最后，在信息管理方面开发了一个共享的资产信息管理平台，保证基础信息的准确性，并实现了项目管理、运维管理、后勤管理等业务的无缝衔接。

（2）加拿大 Hydro One 公司。Hydro One 公司是加拿大最大的电网公司之一，为不列颠哥伦比亚省人口 94% 以上的地区超过 160 万用户提供服务。为了克服总部与区域两层分散的管理模式的弊端，从 1998 年开始，加拿大 Hydro One 公司开始引入资产全寿命周期管理模式。

加拿大 Hydro One 公司的资产全寿命周期管理模式是构建企业管理体系和资产战略联盟。采用可靠性为中心思想（RCM）建立企业管理体系进行流程管理，通过设计服务于资产管理者与服务提供商的资产管理流程，明确职责界限和程序，打破地域的限制，建立移动劳动力概念，并扩大外部人员的使用。通过建立资产战略联盟保持电网管理与电网服务的战略一致，有选择地采用外包，签订服务水平协议（SLA），统一项目的工作程序，保证工作质量。在实施过程中，Hydro One 公司变革组织机构，调整信息系统，形成了局部利益服从公司整体利益的企业文化，逐步建立了公司统一的电网资产管理体系，有效降低了成本，公司资金能覆盖所有计划检修项目，提高工作的标准化和综合度，专业人员集中精力进行资产状态数据收集和分析，提高了工作的有效性。

（3）澳大利亚 Powerlink 公司。澳大利亚 Powerlink 公司是 2007 年 ITOMS（国际输电运行维护研究协会）对标综合绩效的最佳实践公司，特别是在资产管理流程方面，通过有效管理创造了优秀的资产维护绩效。Powerlink 公司的资产寿命周期管理分为计划编制和资产投资，运行、维护和整新，寿命到期后替换和处置三个主要阶段。在资产的整个寿命周期中各个阶段都有不同的资产管理策略。Powerlink 公司的资产管理流程包括策略定位、资产管理策略、资源计划、绩效审查四个主要方面。

1）策略定位方面，通过利益相关方的要求、公司策略和服务水平三个主要因素确定资产管理策略定位。

2）资产管理策略方面，包括资产投资策略、维护策略和整新策略：资产投资策略是计划并投资新资产，以满足电网用户的长期需求；维护策略是管理现有资产的运行和维护，以确保安全、可靠和经济；整新策略是做出关于资产整新、替换和处置的决策。

3）资源计划方面，包括人力资源、物资和服务提供商三个方面，采取的主要做法包括标准化设计、实施程序管理、加强供应链管理、合理的地役权和土地征用、增加外包、增加内部员工。

4）绩效审查方面，包括公司新增设备的有效性、现有资产的运行和维护效率等，收集和分析绩效数据的工具主要包括综合资产管理系统（SAP 公司）、强迫停运数据库、实时数据库系统（PI）、事务处理系统（ACMS）、能量管理系统（EMS）、运行广域网（OpsWAN）。

2. 国内电网企业资产管理实践

（1）国网公司。国网公司是中国最大的电网企业，自 2002 年成立以来，以建设和运营电网为核心业务，经营范围覆盖 26 个省（自治区、直辖市）。自 2008 年起，国网公司开始探索资产管理体系化；2013 年借鉴 PAS 55 标准，在上海、福建、青海公司开展了资产管理体系建设试点；2014 年融入 ISO 55001 标准要求在全系统内推广实施资产管理体系；2015 年上半年完成体系建设任务。

国网公司借鉴国际通行的管理体系审核方法及判定原则，提出基于"一个框架、两条主线、三个重点、四个模型"的资产全寿命周期管理综合评价方法，构建了系统先进、覆盖全面的评价方法体系。其中，"一个框架"是指资产管理体系框架，"两条主线"是指资产实物主线和资产管理活动主线，"三个重点"是指管理要素评价、关键业务评价和管理成效评价，"四个模型"是指体系成熟度评价模型、管理要素评价模型、关键业务评价模型以及管理成效评价模型。依据资产管理评价框架，将评价对象设置为萌芽型、成长型、成熟型、领先型、卓越型五个成熟度等级进行量化评价。通过制定建设指南和实施导则，指导国网公司各层级资产全生命周期体系的建设和实施工作。

（2）南网公司。自 2009 年起，南网公司以深圳局、广州局为试点，开始探索资产全寿命周期管理工作；2012～2014 年开始建立资产管理体系标准，统一资产管理策略及绩效评价体系，发布《资产全寿命周期管理体系导则》，按照"九步法"（梳业务、研问题、建框架、清接口、明制度、绘蓝图、制策略、定试点、信息化），推进资产管理体系建设及体系运作；自 2015 年起，逐步深化资产全寿命周期管理理念在资产管理各环节的落实，重点在解决设备质量问题方面开展了探索与实践。

通过主抓设备有效管理落实、着力解决设备质量问题、完善型号审查机制、试点开展全寿命周期成本采购、账卡物一致性清理、建立资产全寿命周期技术标准体系，开展全过程技术监督等一系列措施，纵深推进体系建设，深化资产管理系统的应用。以价值管理为核心，对电网资产的规划计划、物资采购、工程建设、运维检修直至退役处置的全寿命周期进行综合管理，持续完善资产管理系统功能，深化改革和深化协同，实现各环节高效运转，推进资产管理体系成熟运作。

第三节　国内电网企业资产管理现状

一、电网企业资产管理现状分析

随着电力体制改革步伐逐渐加快，政府对电网企业资产管理精准度、透明度的要求越来越高，不断强化输配电价、有效资产、运维成本、资产寿命、服务绩效五个方面的业务监管，国内电网企业在资产、投资、成本管控等方面面临挑战，需要成熟的资产全寿命周期管理提供数据共享、业务协同、辅助决策等全方位支撑，以期实现安全、效能、成本综合最优。具体来看，考虑政府强监管和企业精益化运营的需要，应充分评估以下四个方面的业务影响。

（1）在规划计划方面，要充分考虑投资形成有效资产途径，论证投资带来的输配电量增长、准许收入增加、对输配电价影响前景等因素，合理计算投资投入产出，提升投资效益，强化规划对于电网安全、供电可靠性的支撑力度。

（2）在采购建设方面，要合理考量设备全寿命周期成本要素，全面制定招标采购策略，借鉴存量设备运维数据，强化供应商绩效管理，切实提升设备制造、交接、建设质量，避免较高的后期运维成本、不可预见的投资，对投资规划落地、成本预算制定带来较大的不确定性。

（3）在设备运维方面，要全面加强技术标准体系建设，全力推进设备状态管理，推广应用移动作业技术，保证基础数据准确完整，强化技术监督体系运作落地。要增强运维人员资产管理意识，合理制定运维成本预算，关注并分析材料费、修理费执行情况，制定设备差异化运维策略，加强技改大修项目投资论证，合理决策设备退役事项，降低资产报废净值率，提高投资管理能力和投入产出效益。

（4）在辅助决策方面，资产管理的基础是数据，数据管理的基础是标准。因此，需要统一变电附属设备、输电线路杆塔等实物资产价值卡片、设备台账的数据颗粒度及对应标准，实现 PMS、ERP 模块数据贯通一致。要推动建立并运用业财融合管理机制，规范设备投入产出分析方法，定期开展资产管理各阶段业务、投资、成本关系分析，辅助开展投资决策。

二、电网企业资产管理面临的问题

1. 资产管理机制运转效率不高

资产管理核心业务分为资产规划设计、采购建设、运维退役、投资成本管理等多个专业。目前，国内电网企业的组织架构延续传统专业分工模式，尽管在资产管理体系的建设中，各企业结合实际情况进行了改革，但总体管理模式侧重于专业化、条块化。资产全寿命周期管理长期以体系化管理目的存在，资产各阶段业务局部最优与全寿命周期范围内安全、成本、效能综合最优目标关系模糊，各环节更注重本环节任务是否完成、成本是否最优、效率是否最高，未能从资产全寿命周期管理的角度关注整体效益。同时，协同能力不足，致使管理地位虚化，存在感不强。

2. 管理模型和技术工具不成熟

资产全寿命周期风险、成本的管理依托全寿命周期成本分析、资产风险评估、投资决策分析等工具模型。目前，国内电网企业受制于工具模型不完善、基础数据不全且质量不高、系统支撑功能薄弱等因素，全寿命周期成本应用、风险评估、缺供电量等资产管理有效决策支撑工具仍处于研究或试点阶段，缺少历史数据积累，推广应用不足。长期以来，电网规划与系统运行、资产采购与设备运维的矛盾难以有效化解。

3. 数字化支撑手段不足

目前，国内电网企业也在不断加大数字化建设工作，资产管理基本业务已在系统流转，但受制于系统架构等因素，仍存在部分业务未覆盖、关键接口不畅等问题，无法支撑投资全过程监控等高级功能实现。由于系统接口未完全打通，导致各业务系统协同不畅，数据重复录入，效率不高，尚未形成有效的数据资产，系统数据质量不高且缺乏有效监管，分析模型缺乏，决策监控支撑功能薄弱。

三、电网企业资产管理面临的形势

随着电力体制改革的纵深推进，国家着力规范水电气垄断行业收费，鼓励多主体、多品种市场交易，计划与市场双轨并存，电价交叉补贴客观存在并有逐步扩大趋势，国企改革三年行动方案的加快推进，对电网企业经营效益、资源配置、风险控制提出了更高要求。2023～2025年输配电价进入第三个监管周期，2022年国家对前一个周期三年（2019～2021年）的电网经营情况进行监审，2021年是第三轮成本监审基准年，有效资产与折旧费将以2021年年末资产为对象核定，运维成本将以近三年实际成本情况分项核定，全面推进资产管理优化工作尤为迫切。通过监管政策分析，主动适应政策监管要求，为电网企业争取输配电相关投入成本合理合规计入输配电价奠定研究基础。

电网设备作为重要的资源配置载体，具有显著的物理垄断性，直接影响用户电价、企业生产和经济生活，政府相关部门为保证电网工程投资的合理性，开展投资监管。电网企业开展电网工程投资，形成电网固定资产——政府部门开展定价成本监审，将固定资产中的有效资产（计提折旧、计提收益）部分计入，形成准许收入——政府部门结合电量预测，将电网企业准许收入分摊到度电上，形成电网输配电价（构成销售电价的一部分）——电网企业向电力用户收取电费，回收电网工程投资并获取收益，形成新的投资能力。输配电价和电网投资密切相关，关系电网企业的可持续运营，受到政府部门的严格监管；而输配电成本是决定输配电价水平的重要因素,是成本监审的目的和核心所在,是输配电价监管的重要抓手。

在第二轮成本监审期间,国家发展改革委、国家能源局联合修订出台了《输配电定价成本监审办法》(发改价格〔2019〕897 号)和《省级电网输配电价定价办法》(发改价格〔2020〕101 号),进一步完善了输配电成本监审和定价审核工作。

涉及折旧年限、费用细分、成本费用认定范围的限制、费率上限的设置、投资建设质量时限要求等方面的规则更加严格。从管理对象看,我国输配电监管将从基于财务报表的总量监管向基于业务活动的分类明细监管转变。

定价办法规定,输配电准许收入按照"准许成本+合理收益"方法核定。其中,准许收入由准许成本、准许收益和税金构成;准许成本由折旧费和运行维护费构成;运行维护费由材料费、修理费、人工费、其他运营费构成。准许收入采用"存量+增量"的方式进行核定。准许成本和准许收益都由基础成本(收益)和监管周期新增和减少的成本(收益)组成,基期的成本及收益核算遵循成本监审办法核定规则,与历史情况相关;在成本监审环节,对上一监管周期发生的电网投资和成本进行"成本监审",审核电网投资及成本费用的合理性、合法性、有效性及与输配电业务相关性等,从而确定并计算每度电需要耗费的成本。监管周期新增和减少的成本和收益遵循定价办法核定规则,与未来资产价值变化及投资规划有关;在定价环节,根据国家层面制定的电力规划预测以后年度(一般 3 年)增量电网投资和预计需要的成本。具体成本、收益的计算关系如图 1-2 所示。

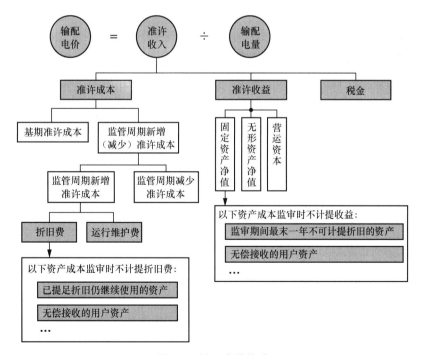

图 1-2 输配电价构成

(1)折旧费。从电网企业历年资本性投资规模来看,财务折旧费占投资总额的 80%以上，是资本性投资来源的重要部分。

定价办法规定，新增准许成本中，折旧费按照监审办法规定的残值率和《电网企业固定资产分类定价折旧年限表》中所列折旧年限核定。监审办法规定，折旧费需按照监审期间最末一年的可计提折旧、输配电固定资产原值和办法规定的输配电固定资产分类定价折旧年限，采用年限平均法分类核定。其中，2015年1月1日以前形成的输配电固定资产，定价折旧率按照国网公司规定的折旧年限中值确定，其他电网企业参照执行；2015年1月1日及以后新增的输配电固定资产，原则上按照监审办法规定的电网企业固定资产分类定价折旧年限，结合自然环境及电网发展水平等实际情况确定。电网企业实际折旧年限高于办法规定的折旧年限，按照企业实际折旧年限核定。固定资产残值率按5%确定。

成本监审明确指出，用户或地方政府无偿移交、由政府补助或者社会无偿投入等非电网企业投资形成的输配电固定资产的折旧费不得计入输配电定价成本，已提足折旧仍继续使用的输配电固定资产的折旧费也不得计入输配电定价成本。

（2）运行维护费。定价办法规定，运行维护费中材料费、修理费和人工费三项合计按不高于监管周期新增输配电固定资产原值的2%核定；其他运营费用，按照不高于成本监审核定的上一监管周期其他运营费用占输配电固定资产原值比重的70%，同时不高于监管周期新增输配电固定资产原值的2.5%核定。监审办法规定，运行维护费中新增材料费、修理费两项合计，原则上不得超过本监审期间核定的新增输配电固定资产原值的2.5%；超过2.5%的，电网企业应证明其合理性。其他运营费用占本监审期间核定的输配电固定资产原值的比例，不得超过上一监审期间核定的比例；剔除生产经营类、安全保护类费用后的其他运营费用，不得超过本监审期间核定的运行维护费（仅包括材料费、修理费、人工费和其他运营费用中的生产经营类费用）的20%。

一方面，成本监审不断压缩运行维护费费率核定上限，监管要求趋严、趋细；另一方面，运维服务的要求越来越高、运维工作量日益增加、材料价格逐步攀升等，使得电网运维成本需求不断提升。自"十二五"以来，为适应经济社会发展，完成电网建设"补短板"任务，电网企业持续加大投入，电网资产规模不断扩大。在第二个监管周期内，量化投产的设备陆续步入"缺陷突增期"，检修工作量显著增加，电网企业将迎来运维作业高峰期。另外，老旧供电设备和因转供电清理新接收的用户资产也亟须加大力量修理维护，运维费用需求激增，监审核算运行维护费的标准日趋严格，电网将面临巨大的运维压力。

（3）有效资产与准许收益。众多类别资产及成本无法纳入输配电定价监审范围。监审办法第十条规定，下列费用不得计入输配电定价成本："……（二）与电网企业输配电业务无关的费用。包括宾馆、招待所、办事处、医疗单位、电动汽车充换电服务等辅助性业务单位、多种经营及"三产企业"的成本费用……（三）与输配电业务有关但按照国家有关规定由政府补助、政策优惠、社会无偿捐赠等有专项资金来源予以补偿的费用。（五）各类广告、公益宣传费用（停电故障信息公告、电力安全保护宣传、电力设备安全警示等费用除外）。"

定价办法第九条规定："…用户或地方政府无偿移交，由政府补助或者社会无偿投入等非电网企业投资形成的输配电资产。"

定价办法规定，准许收益核算基础为可计提收益的有效资产，即电网企业投资形成的输配电线路、变电配电设备以及其他与输配电业务相关的资产，包括固定资产净值、无形资产净值和营运资本。用户或地方政府无偿移交、由政府补助或者社会无偿投入等非电网企业投资形成的输配电资产，监管周期内预计退役、报废或已计提完折旧的固定资产（逾龄资产）均属于非有效资产，无法纳入输配电价准许收益核算范围。

按照上述相关政策监管条例的规定，这些类别的电网资产或实际成本支出无法纳入成本监审范围内，在核算输配电价时，压缩了有效资产的规模、减少了准许成本及准许收益的认定，即电网企业实际合理的成本支出不能全部通过输配电价来足额收回，会对电网企业生产经营及可持续发展造成不利影响。

第二章 资产全寿命周期体系建设

本章主要阐述资产全寿命周期管理体系的建设框架和运转机制，从建设资产全寿命周期管理体系的目标出发，明确资产全寿命周期管理体系如何帮助企业实现管理目标，分析当前电网企业所处的环境，探讨建设资产全寿命周期管理体系的重大意义，并构建资产全寿命周期管理体系的总体架构和运转机制，理清资产全寿命周期管理体系的构建过程及运转流程。资产全寿命周期管理以电网企业战略目标为指导，以实物资产为核心，全面深化资产战略管理，统筹协调影响实物资产管理的人、财、物、信息等资源，贯彻全寿命周期管理理念方法，落实"选好、招好、造好、装好、用好"设备要求，推动资产全寿命周期内安全、效能、成本综合最优。

第一节 体系建设目标

一、安全最优

电网企业首要任务是确保电网安全稳定，防止发生重大安全和设备事件，避免引起大面积停电，这是风险管理的红线。根据 ISO 55000 资产管理概述，一个组织的高层管理人员、员工和利益相关者应实施规划、控制行为（如政策，程序或监视行为）和监测活动，利用各种机会把风险降低到可接受的水平。降低资产风险并非仅仅追求风险最小化，更重要的是将其降低到可接受的水平，实现风险受监控。

二、效能最优

电网资产效能分为财务表现和运营表现，两者的目标方向是稳定持续提升。由于电网企业属于重资产企业，现阶段财务或运营表现受制于存量资产规模、质量以及外部经济环境影响，所以，一些基础薄弱的地方即便资产管理水平再好，也难以通过短期投资、运营就实现资产运营水平短时间内大幅度提升。

三、成本最优

电网成本管理是要以满足电价监审为前提，实现精准投资，全生命周期最优，而不是单纯追求降低成本。电网企业具有社会服务属性，需平衡社会效益和经济利润。此外，在追求资产全生命周期成本最优化的过程中，需关注整体成本的降低，而不仅仅是某一特定阶段的成本减少。例如，尽管在设备购置时选择了价格更低的设备，但在后期生产运维和修理技改过程中可能会因为设备质量问题而导致成本大幅增加。从整个生命周期的角度来看，这样的投资决策并不符合经济性原则。因此，在做出投资决策时，需全面考虑资产在整个生命周期中的成本效益。

第二节 体 系 建 设 原 则

一、整体最优原则

电网资产管理是通过明确企业的战略目标，协调各部门、各单位的活动，以确保资源的最大化利用并实现电网全局的利益。电网资产全寿命周期管理强调规划计划、采购建设、运维检修和退役处置四个阶段的整体最优，而非某一阶段的局部最优。通过资产管理体系的建设和运行，围绕总体目标，协调各单位、各部门的活动，集合优势，关注各目标之间的联系和相关性，再从部分到整体，实现整体目标。

二、实物与价值并重原则

电网资产全寿命周期管理体系建设需发挥技术和管理办法的双重作用，通过运用风险评价、设备状态评估、全寿命周期成本等技术方法，科学评估资产的成本、状态、风险和健康水平，促进管理措施更有针对性；通过 PDCA 循环法、逐级承接法等管理方法，梳理优化业务流程、明晰岗位职责。

三、可持续发展原则

可持续发展是指既满足当前需求，又不对未来满足其需求的能力构成危害的发展，最终实现共同、协调、公平、高效、多维的发展。

电网资产自身属性决定了其能够长期、稳定、高效地运行，应确保资产在建设、运行过程中，始终满足社会需求，充分考虑对环境的影响，为后续发展的自然资源、土地和空间留下充足余地。

四、风险控制原则

企业在进行资产管理、降低运营成本的同时，越发注重风险管理。在资产全寿命周期成本和风险控制之间找到平衡点，已成为当前建设资产全寿命周期管理体系的关键目标。通过资产全寿命周期管理体系，企业可以更好地掌握资产运营情况，提前防范：因设备磨损、设施不合理、人员操作不当所带来的安全风险；因投资决策失误、项目规划不当、项目成果出现偏差带来的投资风险；因成本把控不严、资产结构不合理带来的财务风险等。

第三节 体 系 建 设 方 法

资产全寿命周期管理体系的构建是一项庞大且需要长期坚持的工作，离不开一系列方法的支撑。

一、OPDCA 循环法

OPDCA 循环法是一种科学的闭环管理机制，由国际质量管理循环法 PDCA 演变而来，涉及目标（objective）、计划（plan）、执行（do）、检查（check）、处理（action）五个循环管理阶段。在闭环管理运转过程中，首先需要明确资产全寿命周期管理的预期目标，理清计划并确定资产全寿命周期管理体系的设计思路。在制定计划后，为落实资产全寿命周期管理体系实施，需制定能够保障资产全寿命周期管理体系运行的标准和方案，指导相关部门和单位有序开展工作。在体系运行过程中，需定期进行严格的检查，根据检查结果进行评价分析，制定后续的提升计划、开展体系的优化工作，并建立常态化的资产全寿命周期管理体系完善机制，确保资产全寿命周期管理体系持续提升。

运用 OPDCA 方法，综合考量资产全寿命周期管理过程中涵盖的各业务环节及部门，可以视作囊括整体工作的大循环；在实施某项具体工作时，实现各专业、各层级的贯通协同，可以视作为小循环。大循环把控体系运转方向，小循环指导工作进程，以大循环带动小循环，将企业的资产全寿命周期管理体系构建为一个优化资产、降低风险的科学管理系统。

二、AHP 层次分析法

AHP（analytic hierarchy process）层次分析法是将复杂的多元目标决策问题分解成若干个层次的多个目标，通过定性分析，将错杂、难以量化的总目标值转化成不同层级、具有优先顺序的子目标。

层次分析法在资产全寿命周期管理体系中明确了与资产管理相关的业务范围、资产管理范围、职能范围等，识别和资产管理相关的业务能力，将各项业务环节贯通，形成资产管理端到端的流程，并对资产全寿命周期管理体系的目标、策略和计划进行层层分解，细化到每一个具体的执行岗位。

三、逐级承接分解法

逐级承接分解法的核心思想是逐级分解和上下承接，各层级间相互承接、层层递进，形成一套合理、稳定、完整的工作体系，适用于资产全寿命周期管理体系中制定策略、安排计划、设置指标等工作。在制定策略时，逐级承接分解法可以从不同方面将总体策略细分成一级策略、二级策略、三级策略等多个层级，安排计划和设置指标工作，也同样可以进行多级细分，进而达到便于有效执行的效果。一般来说，目标的分解形式主要有以下两种：

（1）按照时间顺序分解，如制定目标的实施进度，形成执行目标的时间体系。

（2）按照组织关系分解，将目标逐级分解到每一个管理层次或管理部门，后者可以形成执行目标的空间体系。

四、全寿命周期成本分析法

全寿命周期成本分析法是以全寿命周期成本计算为依据，综合考虑资产规划、计划、采购、建设、运行、检修、报废等全过程，在满足可靠性和性能的前提下，使得资产在全寿命周期内全寿命周期成本值最低的成本分析方法。

全寿命周期成本的计算模型表示为：

$$LCC=C_1+C_2+C_3+C_4+C_5$$

式中：C_1（cost of investment）为资本性投入成本，主要包括资产的采购费、安装费、调试费等建设费用；C_2（cost of operation）为资产运维成本，主要包括资产运行产生的损耗费，以及资产日常运维所需的材料费、设备费和人工费等；C_3（cost of maintenance）为资产检修成本，主要包括资产各项检修的材料费和服务费等；C_4（cost of fault）为资产故障处置成本，主要包括资产抢修带来的材料费、人工费、台班费等，以及故障引发的停电损失费、设备性能和寿命折损费、可能发生的赔偿和企业信誉受损等间接费用；C_5（cost of disposal）为资产报废处置成本，主要包括提前退役和报废处置过程产生的费用等。

五、设备状态评估法

设备状态评估法是一种以浴盆曲线为基础，分析各类电网资产在不同运行阶段可能发生故障的概率，并借此确定资产在不同时期所处技术状态的预测方法。

浴盆曲线也称失效率曲线，表示设备在投入至报废的寿命周期内可靠性的变化，其往往呈现出一定的函数规律，其中典型的故障曲线就叫浴盆曲线，与之相关的计算公式为：

$$P=Ke^{-CISE}$$

式中：P 为设备的故障概率；K 为比例系数；C 为曲率系数；ISE 为设备状态评价分值。

一般而言，随着时间的变化，设备故障率大致可分为早期失效期、偶然失效期和耗损失效期三个阶段。

（1）在早期失效期，受设计、材料、加工缺陷、安装调整不当等影响，设备故障率较高。随着工作时间的增加，设备的故障率迅速降低，而后逐渐过渡到偶然失效期。

（2）在偶然失效期，故障率可降至一个较低的水平，且基本处于平稳状态，可以近似认为故障率为常数。此时期设备故障主要由偶然因素引起，设备状态最佳，对应资产管理的运维检修阶段。

（3）在耗损失效期，受磨损、老化、腐蚀等损耗性因素影响，设备故障率随着时间迅速上升，此时期产品失效大量增加直至最后报废，对应资产管理的退役报废阶段。

通过浴盆曲线预测设备的故障率，有助于进行风险评估和全寿命周期成本计算，为制定设备的管理决策（如设备维护、技改大修、退役报废等）提供信息支撑。

六 "资产墙" 分析法

"资产墙"是存量资产技术、成本、状态等综合信息的集成，对某个历史时间范围内资产密集投运情况的形象描述。

"资产墙"有年限平移法和时间序列预测法两种分析方法。

（1）年限平移法是进行整体预测，通过平移"资产墙"得出未来需要投入的技改资金。

（2）时间序列预测法则考虑设备的故障修理、老化磨损和退役报废等实际因素，基于时间与价值的函数关系做出测算，更加准确地得出未来所需金额。

运用"资产墙"分析法，结合电网企业实际情况和影响因素，预测企业未来资产的技改投资及企业运维检修的工作量，确定合理的投资规模与时序，为电网企业作出兼顾长期经济效益的管理决策。

第四节 体 系 架 构

体系框架搭建包含资产管理决策、资产管理执行、监测评价改进、基础保障支撑等四个相对独立但又彼此关联的模块，可以明确各项资产管理业务的具体内容，也可以梳理各个业务流程互相关联的逻辑，使得整个企业能在不断变化的形势和环境中及时调整资产管理理目标和改进资产管理策略，进而实现企业全局综合最优。电网企业应统筹资产规划计划、物资采购、工程建设、运维检修、退役报废等全过程管理中产生的实物流、信息流、价值流，并建立起目标平衡优化、流程协同运行、业务闭环管理、合理科学决策、信息及时传递的综合管理网络。

一、资产管理决策

资产管理决策是实现总体战略目标、制定科学发展规划的重要环节，也是协调和优化资产管理相关部门的重要工具和方法，具体包含资产管理战略、资产管理目标、资产管理策略、资产管理计划等子模块。

借助数据量化分析手段，资产管理决策模块能够为企业制定精细的中长期规划，并且针对各个执行环节设定相应的任务和指标，将资产管理的价值流传递到企业运营的各个阶段，强化各阶段目标的统一性和协同性，提升企业运营效率。

二、资产管理执行

资产管理执行是对资产管理决策的承接，也是整个体系框架的核心实施单元，具体包含工程建设、运维检修、退役处置等子模块。

资产管理执行需要落实各项既定计划，将目标平衡、计划协调、信息反馈、风险管控、信息监测等理念深入到工程新建、工程技改、设备运行、设备维护、设备检修、设备退役、设备报废等实际业务流程，进一步增强对质量、进度、效益、风险的管控力度，最终实现安全、效能、成本综合最优目标。

三、监测评价改进

监测评价改进是跟踪各个业务环节并根据执行结果不断进行优化的组成模块，具体包含目标实现程度、绩效监测评价、计划完成情况、过程监督检查、改进效果评价等子模块。

监测评价改进需要从资产管理决策开始，记录资产管理的各项重要信息，最后得出较准确的综合性评价结果，根据评价结果制定资产管理提升计划，并开展体系优化工作（如完善资产管理能力评价体系、资产管理信息全集整合等）。

此外，由于体系评价与改进是一个动态完善的过程，电网企业可按照 PDCA 闭环管理理念，建立定期审核的工作机制，不断对管理活动进行调整、完善，消除管理短板和潜在缺陷，完善管理体系，实现管理水平螺旋上升。

四、基础保障支撑

基础保障支撑是支持体系运转、为各个业务环节提供基础保障的重要模块，具体包括组织人员管理、制度标准管理、信息支持管理、科技创新管理、风险控制管理等子模块。资产管理体系的高效运转、各项业务流程的有效实施，不仅需要制度和人力的保障，还需要数字化和信息化技术的支撑。

第五节 体系运转要素

一、资产管理目标

制定资产管理目标是企业实现发展战略、协调各项业务活动的重要途径。资产全寿命周期管理具有多维度、全方面的特性，企业在制定资产管理目标时需全面考虑影响资产全寿命周期管理的各种因素，并针对企业动态管理需求进行相应的调整和完善。构建科学合理、高效统一的目标体系至关重要，需涵盖资产管理的总体目标、绩效目标和执行目标。

总体目标是对整个资产管理活动的总体要求，是确定资产管理各个阶段任务和职能的重要依据。企业决策层在制定总体目标时，需要充分平衡安全、效能和成本之间的关系，并综合考虑长期效益、环境效益、社会效益、可持续发展等多个方面的要求。

绩效目标由总体目标分解而来，侧重于对具体业务的监测和评价，能够有效提高企业的资产管理水平。因此，绩效目标的设定需要与企业规模、资源水平、管理状况以及资产管理宗旨相适应，并满足可实现、可衡量、可监测、可管控的基本原则。

执行目标向上承接绩效目标和总体目标，是开展各项业务的切实要求和管理准则。在制定执行目标时，企业各部门、各单位应充分考虑实际管理需求，综合考虑资产效益、资源配置、执行风险等关键因素，并确保目标的稳健性和可靠性。

二、资产管理策略

资产管理策略是以企业发展战略、资产管理政策和资产管理目标为基础，针对资产管理活动制定的一套配置标准、技术规范、管理原则等纲领性文件。在资产全寿命周期管理活动中，资产管理策略发挥着承上启下的作用，能够转化资产管理的总体目标，形成一系列切实可行的活动计划。资产管理策略具体可分为整体策略和阶段策略。

1. 整体策略

整体策略以整个资产管理活动为基点，综合考虑企业的发展战略、管理政策和总体目标等各种因素，根据企业的实际情况，制定出一套最优策略组合，旨在指导企业制定资产管理的中长期规划，实现企业的总体发展目标。

2. 阶段策略

阶段策略聚焦资产管理活动的各个业务流程，具体包括规划计划策略、物资采购策略、工程建设策略、运维检修策略、退役处置策略。

（1）规划计划策略。规划计划策略主要以整体资产为视角，考虑电力企业资产管理总体目标，根据历史数据和技术规则要求，基于需求预测结果，通过选择最优策略组合以应对需求增长，指导企业编制并形成资产管理的中长期规划，并制定出科学有效的投资计划。

（2）物资采购策略。物资采购策略是在物资综合管理评价结果的基础上，为保证资产达到质量可靠、稳定运行等基本要求，支撑资产全寿命周期管理而提出的策略和措施。如运用全寿命周期成本分析法计算设备后续建设、运行、维护、检修和退役等阶段的总成本，进而选出在全寿命周期内综合费用最低的资产采购方案。

（3）工程建设策略。工程建设策略是为统筹企业基建的总体发展，提高工程项目决策能力，支撑工程项目的设计、建设、竣工等工作而提出的管理策略和措施。具体内容涵盖工程造价管理、质量管理和进度管理等一系列相关业务，可从各个阶段帮助企业建设出符合预期的工程项目。

（4）运维检修策略。运维检修策略是以资产状态评估为基础，充分考虑资产设备的实际运行状态，为强化存量资产检修、维护、技改等工作而提出的管理策略和措施。如根据资产状态评估和设备风险评估，针对设备类别或设备个体而制定优化检修组合方式。

（5）退役处置策略。退役处置策略是对待退役资产进行状态评估以确定合理的后续处理方式、遵循规范流程，对退役资产进行审批和实物流转的管理策略和措施。如规范废旧物资管理流程，将特定废旧物资处理价值信息合理分摊至对应资产的全寿命周期成本等。

三、资产管理计划

资产管理计划是企业针对一段时期内的资产管理活动进行的具体安排，明确了该时期内资产管理的具体内容和各项要求。从体系建设和企业实际经营情况来看，资产管理计划可以分为年度计划和中长期计划两种类型。

1. 中长期计划

中长期计划是对未来一段时间内资产管理活动的总体规划，通常包括电网规划、技术改造规划和相关的通信网规划等。这些规划的时间跨度较长，需要综合考虑电网企业规模、管理状况、资源水平等因素，以确保电网企业资产管理的长期稳定和可持续发展。

（1）计划制定。在中长期计划的制定过程中，需要充分考虑自身的经营状况和发展战略，结合市场需求和行业趋势，制定出符合自身实际情况的规划方案。同时，还需要对规划方案进行风险评估和可行性分析，以确保规划方案的合理性和可行性。

（2）计划实施。中长期计划的实施需要各部门的协同合作，共同推进各项工作的开展。

在实施过程中，需要对各项工作进行严格管控和监督，及时发现和解决存在的问题，确保中长期计划的顺利实施。

2. 年度计划

年度计划包括年度投资计划、财务预算计划、物资采购计划、工程建设计划、运维检修计划、资产退役计划等。部分年度计划可细分到月份和星期，通过提高这些计划的发布频率，可以增加执行过程中的管控力度。在计划的执行过程中，需要及时跟进、监控和调整，以确保计划的可行性和有效性。同时，计划的制定需要充分考虑实际情况和资源状况，以确保计划的合理性和可操作性。

（1）月度计划。月度计划是对年度计划的进一步细化，包括月度投资计划、月度财务预算计划、月度物资采购计划、月度运维检修计划等。这些计划需要根据实际情况进行调整和修改，以确保计划的可行性和有效性。

（2）周计划。周计划是对月度计划的进一步细化，包括周投资计划、周财务预算计划、周物资采购计划、周运维检修计划等。这些计划需要结合实际情况进行制定，以确保计划的可行性和有效性。

四、资产管理执行流程

资产管理体系的核心执行单元是资产管理执行流程，也是企业战略、政策、目标、策略和计划在各项业务中落地实施的关键。通过设计流程实施模型、融合业务管控思想和运用关键技术方法等具体内容，确保资产管理的有效性和高效性，实现企业战略目标。

（一）设计流程实施模型

资产管理执行流程承接企业发展战略，衔接业务监测与反馈系统，利用全寿命周期成本分析法、设备状态评估等技术，建立覆盖资产规划计划、采购建设、运维检修、退役处置等各阶段的流程实施模型。该实施模型贯通风险管理、成本管理等各个业务环节，能够促进企业资产安全、效能和成本之间的动态平衡。

（二）融合业务管控

1. "三流合一"

在建立起流程实施模型之后，企业应充分融合资产管理活动中的实物流、价值流和信息流（即"三流合一"），梳理出能够顺畅运转的业务实施体系。其中，实物流反映资产从规划计划开始，到采购建设、运维检修和退役处置的实物运动过程；价值流体现为设计成本、采购成本、建设成本、运维成本、退役成本和处置成本的归集，贯穿资产设备的整个价值运动过程；信息流则是资产在生命周期内各项数据的存储、加工、传递和反馈，通过这些数据可以实现业务内外的信息共享。

2. 信息监测与反馈

资产管理的执行流程涉及大量信息的采集、处理和反馈等操作，这些工作对于提升业务实施效率和效果具有显著作用。通过监测资产的关键信息，可以有效地了解业务实施的进度和成效。同时，及时反馈各环节产生的信息，有利于根据实际情况调整业务的实施方法，从而促进各项业务顺利完成绩效目标。

3. 关键技术方法

实施资产管理需要采用一些关键的技术方法来支撑各项业务流程，其中包括比较常见的目标协同优化、业务闭环管理等，如全寿命周期成本分析法、设备状态评估法、"资产墙"分析法。这些技术方法在实施资产管理过程中发挥着至关重要的作用，能够确保各项业务流程的高效性和有效性，并帮助企业实现更高的效益。通过目标协同优化，企业可以协调不同部门之间的目标，避免目标冲突，确保所有部门能够共同实现企业整体目标。而业务闭环管理则能够实现对企业业务流程的全面管理和监控，确保各项业务流程都能够得到有效执行，达到预期的效果。

五、资产管理绩效评估

绩效评估是企业管理中的一项重要工作，主要评估员工或部门的工作能力、态度和表现，还涉及资产及其运行状态的评估，以及对其他有助于企业资产管理的活动进行全面评价。绩效评估有助于企业更好地了解员工或部门的工作状况，为企业决策提供重要依据。

在实施企业绩效评估前，需构建一套既科学又合理的绩效评估体系。该体系应既能够实现短期成果，又能够与企业经营的长期规划相协调；同时应满足企业发展战略的基本要求，并符合资产管理的政策目标、策略及计划。

1. 体系要求

企业在搭建绩效评估体系时，应以提高资产管理的业务活动水平为基础，遵循资产管理的最终目标和 SMART 原则。其中，SMART 原则是具体性（specific）、衡量性（measurable）、可达性（achievable）、实现性（realistic）、时间性（temporality）的缩写。

2. 指标设计

设计绩效指标是搭建整个评估体系的关键步骤，具体方法可采用关键绩效指标法（key performance indicators，KPI），即选取业务流程的几项关键参数，进行设置、取样、计算、分析等工作，从而量化该业务流程的绩效指标。

3. 指标分解

为提高评估体系的精准性，需要对绩效指标进行分解，全面覆盖资产管理活动的各个阶段，有效支撑或保障各项业务活动的开展。按照不同类别，将其分解为管理指标和执行指标。

4. 指标应用

电网企业资产绩效指标的应用方式主要包括分析、评价和辅助决策三方面。其中，分析是指梳理资产管理的各项重要指标，检查相关工作的开展情况，并思考后续改进提升；评价是指判断企业资产绩效的实际水平，具体可以参考风险、效能、成本等关键指标；辅助决策是在整合各项数据的基础上，对资产管理的关键业务活动做出决策评判。

六、资产管理监测体系

监测资产的运营情况是企业进行资产管理的重要环节，也是企业获取各项设备信息的关键渠道，有助于实现企业精益化管理和可持续提升。在开展运营监测工作之前，企业同样需要搭建一套合理的监测体系。

1. 监测内容

大型企业在建设资产运营监测体系时，应满足全方位、全过程、全分析的要求。其中，全方位是指监测范围足够广阔，将资产状态、资产运营活动、业务开展情况等众多模块包含在内；全过程是指监测周期足够完整，将资产规划、设计、采购、建设、运营、维护、检修、退役、报废等众多环节囊括在内；全分析是指监测结果应结合相关信息，对资产状态、安全、风险、成本、绩效等要素进行全面分析预测，为企业摸清详细且准确的资产管理现状。

2. 监测设计

设计运营监测体系是在分解企业总体战略目标的基础上，从安全、效能、成本等维度梳理相关业务流程，进而搭建出多层次、全方位的资产运营监测体系，及时监控并有效衡量企业资产运营水平。

3. 监测实施

在资产全寿命周期管理的不同阶段，运营监测体系有不同的实施重心。规划计划阶段，监测体系重在关注投资；物资采购阶段，监测体系重在关注财物绩效；工程建设阶段，监测体系重在关注施工进度和现场安全；运维检修阶段，监测体系重在关注安全管理和风险预控；退役处置阶段，监测体系重在关注风险管控和资产回收。

第三章 资产管理业务流程

本章详细阐述了资产管理业务流程与优化在资产全寿命周期管理中的重要地位和作用。业务流程实施是资产全寿命周期管理体系的关键应用环节，也是实现资产全寿命周期管理理念和方法落地的重要步骤。业务流程优化对完善整个体系具有重要作用，能够为持续改进提供有效支撑。针对规划设计、物资采购、工程建设、运维检修、退役处置等各阶段业务环节，从业务架构、实施流程、管理要求、风险管控、流程优化等多个维度，明确了业务流程实施与优化的重点内容。

第一节　概　　述

一、业务流程实施的关键要素

电网企业在开展资产管理业务时，应遵循以精益化管理为核心、以流程协同为关键、以方法应用为手段、以数据管理为支撑的基本原则。

1. 精益化管理

通过运用 OPDCA 闭环管理机制，全面管控资产的生命周期，将企业发展战略、资产管理政策、目标、策略和计划融入规划计划、物资采购、工程建设、运维检修和退役处置等各业务环节。协调流程管理、风险管控、体系改进等重要工作，促进资产全寿命周期管理的精益化提升。

2. 流程协同

以资产实物流、价值流和信息流纵向贯通、横向协同及运转顺畅为目标，建立管理目标与计划承接、计划与执行协同的工作机制，完成资产管理活动中各阶段、各流程节点中价值和信息的梳理，消除信息孤岛，实现资产实物流、价值流和信息流纵向贯通、横向协同，助力实现"三流"有机融合。

3. 方法应用

以资产精准决策和精益管理为导向，统筹协调规划设计、物资采购、工程建设、运维检修、退役处置各阶段要求，厘清组织、制度、方法、流程、考核、评价和改进等核心管理要素间的关系，科学运用可量化的管理或技术方法开展资产管理工作，实现资产管理目标平衡优化及管理决策科学合理的目标。

4. 数据管理

构建全面检测、运营分析、协调控制和全景展示为一体的资产监测机制，提出数据管理的监控分析方法，全面掌控企业资产运营状况，增强资产管理的透明度和穿透力，强化企业执行力和风险防控力，为经营决策提供有力支撑。

二、业务流程实施的主要内容

电网企业资产全寿命周期管理关键环节可划分为规划设计、物资采购、工程建设、运维检修、退役处置等业务阶段，业务全过程管理主要应用流程优化、决策方法和数据管理等管理和技术方法，依据全局最优的目标策略开展资产管理活动，持续优化协同管控工作机制，不断改进业务实施薄弱环节，确保业务融合、流程协同、目标统一及风险可控。

资产全寿命周期管理业务架构如图3-1所示。

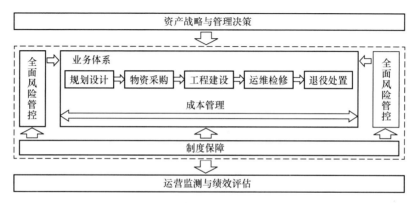

图 3-1　电网企业资产全寿命周期管理业务架构

资产全寿命周期管理的核心是业务实施流程与管控优化，这些环节承担着承接企业整体资产战略、实现资产全寿命周期管理的目标和计划等决策的重要任务，以确保整个资产全寿命周期管理的目标统一和上下协调一致。同时，这些环节还需要与运营监测与绩效评估有效地进行衔接，通过采集实施过程和结果的监测评估数据，为改进管理、提高效益提供有力支撑。

资产全寿命周期管理各业务环节之间是相互衔接并贯通的，核心业务内容主要有资产规划、项目立项、初步设计、招标采购、工程建设、投运转资、运行检测、状态评价、生产计划、技术改造、资产退役等。电力企业资产全寿命周期管理业务流程框架如图 3-2所示。

在明确资产全寿命周期管理业务架构和业务职能后，企业应当在此基础上自上而下逐层梳理业务流程，应用"三流合一"的思想将实物流、价值流、信息流充分融合，形成纵向贯通、横向协同、运转顺畅的流程体系。

流程设计主要包含以下基本要求。

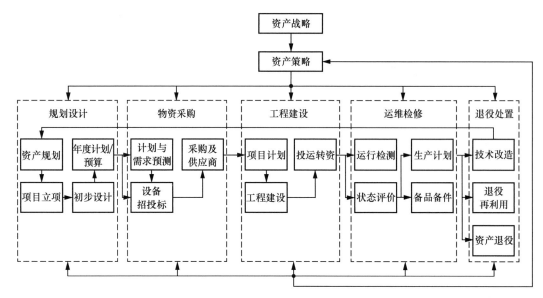

图 3-2　电网企业资产全寿命周期管理业务流程框架

1. 流程优化

资产全寿命周期管理具有业务范围广、管理层级多的特点，应用单一层级的业务流程无法系统、全面地开展企业资产全寿命周期管理业务，需构建资产全寿命周期管理业务流程体系并层层分解，使得独立的业务之间建立关联，保证资产管理总体流程是基于安全、效能、成本综合最优的目标协调运转。

2. 全过程管控

实物流反映从规划设计阶段开始，到设备招标采购和建设安装，再到交付生产，最后进行退役处置的资产实物运动过程。价值流体现为设计成本、购置成本、建设成本、运行维护成本、退役处置成本的归集，以价值链为主线，反映资产的全寿命周期价值运动过程。信息流反映贯穿于资产全寿命周期数据及其他信息的存储、加工、传递和反馈，通过信息的流动实现流程内部以及流程之间的信息共享，提高流程管理效率。"三流合一"反映了企业资产全寿命周期管理业务流转、成本管控以及信息化实施的三个关键因素，基于业务流程体系及"三流合一"的要求，把资产全寿命周期的五大业务环节纳入统一管理，实现资产全寿命周期安全、效能、成本综合最优。

第二节　业务流程管理

一、规划设计

作为电网发展前期决策阶段的一项重要工作，电网规划设计直接关系到电网的安全稳定和经济运行水平，也关系到能源资源利用的经济性和电网投资的合理性。

电网网架规划建设是电力企业的关键工作之一，也是电网企业资产形成的重要途径。

电网建设包括不同的建设阶段，需要各个部门相互配合才能完成，但各部门之间相互独立，可能存在沟通不畅、协同不到位等问题，如在项目验收后的运营成本和维修成本都未在前期规划设计时考虑周全；在设备选型时，忽略设备的可靠性和运维费用，从而难以实现系统性成本控制。

从全过程看，工程建设总成本可能会出现在采购建设阶段购买成本较低，然而在某一环节存在预算费用裕量较大，导致实际总成本会偏高的现实问题。其根本原因在于，未能在全寿命周期成本管理层面进行全面的权衡考虑，进而影响到规划计划的决策效果。因此，为了提高规划计划的决策质量，需要在规划设计阶段引入资产全寿命周期理论，运用长期视角充分考虑设备资产在整个寿命周期中的更新维修成本和管理成本，从而最小化设备全寿命周期的成本。通过这种方式进行改进，能够进一步推动资产管理的持续发展，使设备的规划和配置更加精细。

在规划设计阶段引入资产全寿命周期管理理念和方法，主要是在设计方案比选阶段综合考虑安全（S）、效能（E）、成本（C），进行 SEC 比选。电网规划设计流程如图 3-3 所示。

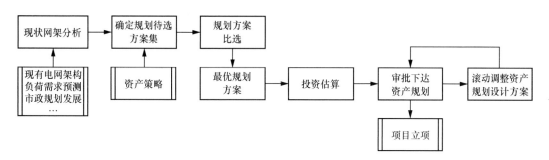

图 3-3　电网规划设计流程图

1. 网架现状分析

电网规划建设的主要目的是在满足电力需求和供应安全的条件下，保持电网的建设和运行总体费用为最低水平。电网规划设计要紧紧围绕城市建设，充分了解和掌握城市区域网架设计、负荷水平、经济发展策略、市政规划等，明确输电网网架的最高电压等级、电压负荷特性、输电方式、送电规模，电网结构优化、合理布局。

2. 规划方案比选

电网规划要以安全可靠性和技术可行性为前提，综合考虑电网工程建设的经济效益指标，切实为电网供电能力的提升起到积极促进作用。基于现状网架和规划建设需求，形成规划设计待选方案集，并进行多方案技术经济比选，统筹协调安全、效能、成本等多维度目标，综合比选最优规划设计方案。电网规划方案比选流程如图 3-4 所示。

3. 投资估算

根据电网规划设计方案，详细描述工程项目现状、预期目标及立项依据，从安全性、效能与成本、政策适应性等方面，综合估算项目建设的投资水平，并确定各电压等级的投资规模，汇总各规划需要的年静态投资、动态投资等，形成电网规划总投资。

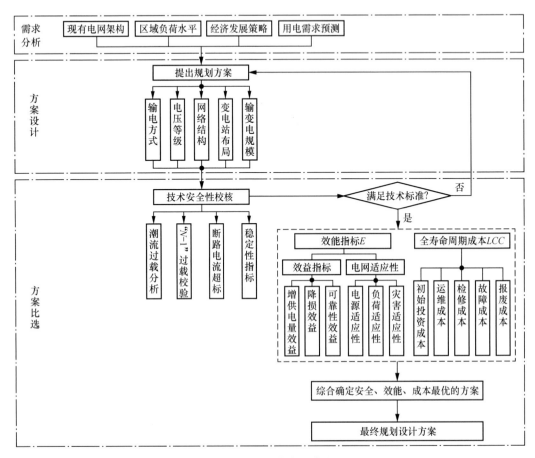

图 3-4　电网规划方案比选流程图

为更好地了解规划项目建成后电网企业的经济状况和未来的运营趋势，应对规划项目的经济性与财务合规性进行评价；依据国家财税政策、电价政策等，计算规划方案的重要财务评价指标，分析财务可行性；最后，组织专家对建设项目可行性研究报告进行评审，根据资产规划进行动态调整修正。

4. 项目立项

基于规划及在运资产状态评估结果，对基建、技改、大修等资本性和成本性投入项目进行可研、投资估算的设计及编制，对拟选方案进行全寿命周期成本评估，不仅考虑项目建设原始成本投入，还要对项目投资后服役期间的运维成本、使用寿命、安全可靠性等进行综合评估。

5. 年度计划/预算

围绕企业经营状况与发展规划，在企业历年年度计划/预算实际执行情况的基础上，综合平衡各类项目的资金需求，对基建、技改、营销、检修、维护等各类项目进行投资风险评估后，做出综合决策和项目整合，形成企业层面统一的年度计划/预算。

二、物资采购

为加强统一的物资管理体系建设，国网公司实行"总部统一组织，网省公司具体实施"的模式。物资采购包括物资需求计划、采购实施、资金支付和物资储备等关键业务环节，通过专业化管理保证电网企业物资采购和库存的合理使用。基于项目物资需求，按照物资全流程管理要求，将物资采购纳入资产全寿命周期管理中统一考虑，在评标过程中考虑供应商评价结果，引入全寿命周期成本评标方法，强化设备监造和抽查管理，利用信息平台实现物资的统一采购、储备及配送。电网物资采购业务流程如图 3-5 所示。

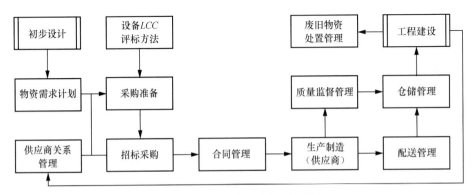

图 3-5 电网物资采购业务流程图

在物资采购阶段，应对设备质量信息进行全方面收集，基于全寿命周期成本方法开展电力资产设备招标采购。在设备采购招标环节中应用供应商绩效评估体系，根据评估结果，选择最优供应商，保证电力设备质量及资产的安全性。

1. 物资需求计划

物资采购首先由物资需用单位根据项目计划编制物资需用计划（附预算书、技术规范书），物资需用单位将经审核后的物资需用计划进行上报，经审批后，形成物资需用计划报省电力公司（简称"省公司"）物资管理部。物资管理部在平衡利库后，汇总形成采购（招标）计划。

2. 招标采购

按照"集约、规范、高效"的原则，对物资需求进行协调、控制和优化，按照项目建设的进度要求，采购品质优秀、价格合理的物资。采购方式包括招标采购和非招标采购两种，采购工作按照国家有关法律法规、规章和企业相关管理规定，结合物资专业特点，采用批次招标、协议库存采购、电商化采购等具体组织形式。

3. 合同管理

合同管理是指物资合同签订、履约、变更、结算和归档等全过程的管理工作。物资合同按照电网企业统一合同文本与招标采购结果，通过电子商务平台（ECP）和经济法律管理业务应用系统签订，合同签订应严格遵循招标采购结果。

4. 质量监督管理

质量监督管理是指按照设备全寿命周期管理要求，从设备材料选型、招标采购、生产制造、安装调试、运行维护到退役处置全过程进行监督管控。主要采取监造和抽检方式，开展物资质量监督管理工作。物资监造主要包括驻厂监造和关键点见证。物资抽检包括到货物资抽检和在库物资抽检等。

5. 配送管理

配送管理是指按照项目性质和物资品类特性，将物资配送至需求方的过程管理。通过电网的企业统一物资配送网络，采取供应商配送、自有资源配送、第三方配送或者需求方自提等方式进行物资配送。

6. 仓储管理

仓储管理包括仓储体系的建设与管理，以及库存物资的管理。电网企业仓储体系以中心库为中心、周转库为枢纽、仓储点为支撑。库存物资实行"一本账"管理，有效提高库存物资周转效率。

7. 废旧物资处置

废旧物资处置管理是指废旧物资的实物移交、存储、销售和资金回收等业务管理，以及物资退运再利用管理工作。废旧物资包括已办理固定资产报废手续的物资、已办理流动资产报废手续的库存物资、已办理非固定资产报废手续且属于列卡登记的低值易耗品、废弃材料以及零配件等。报废物资处置统一纳入 ECP 集中实施网上竞价。

8. 供应商管理

按照分层、分类、分级管理方法规范供应商等级核查、绩效评价、不良行为及服务管理。按照统一制度、统一标准、统一流程、统一平台的"四个统一"总体思路，完善企业供应商管理体系。客观、公正、动态、量化开展供应商资质核查及评价，客观反映供应商整体实力状况，为企业采购推荐实力强、质量优、讲诚信、守信用的优良供应商。

三、工程建设

作为电网基建工程项目管理的核心，工程建设的中心目标是严控工程项目管理成本、提高运行效率和管理水平。电网工程建设流程，即基本建设流程，是指在电网工程项目建设周期全过程中，各项工作必须遵循的先后顺序。其各阶段、环节和各步骤之间客观存在的先后顺序，是由电网工程项目本身特点和客观规律决定的，更是由国家制定法规予以规定的。

电网工程建设流程一般分为工程项目实施、工程竣工、项目验收、投运、竣工结算等阶段。电网工程建设业务流程如图 3-6 所示。

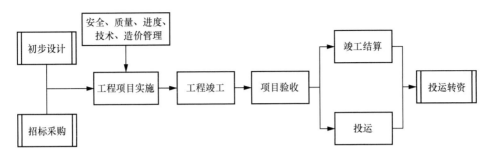

图 3-6　电网工程建设业务流程图

工程项目实施是该业务的关键流程环节，从安全、质量、进度、技术和造价五个方面对建设项目进行全过程管理，包括任务的前期编制到下达、工程结算付款、项目竣工报验等过程。从电网基建工程项目的确定到实施的过程中，深度融合、有机结合计划过程、执行过程和管理过程。

该环节管理经验提升包括以下内容。

1. 项目安全管理

贯彻"安全第一、预防为主、综合治理"的安全生产方针，协调工程的施工部门和监察管理等部门，以国家对电网企业的年度安全管理目标为基础，落实有关安全生产的法律法规和标准；同时，实施共建的部门要对工程的管控实施分解和细致化，规范企业基建安全管理工作，确保建设工程安全和从业人员的安全健康。梳理当前各类电网、设备反事故措施落实的困难，开展溯源分析，比照反事故措施要求与工程建设相关标准的差异性，制定反事故措施根源性治理任务清单，推动基建阶段进一步贯彻资产全寿命周期管理要求，促进国家相关技术标准的修订完善，从而提高资产管理的标准化水平。

2. 项目质量管理

项目质量管理是指在项目开展的过程中，对可能存在或实际存在的各种问题和情况进行监管把控，主要包括施工过程的质量例会与质量检查、材料进场报验、材料见证取样复检，隐蔽工程、检验批（单元工程）、分项、分部工程验收，中间与单位工程验收等基本内容。需要将相关的质量控制标准和计划细化到每一个单位、每一个环节、每一个人，形成一个完整的控制体系，才能真正保障工程项目的顺利开展，使得项目质量有所依仗。

3. 项目进度管理

进度管控手段是采取科学有效的方式明确进度目标，编写预算计划与相关资源协调计划，开展进度进程管控，在成本、安全、质量目标作用的基础上，达成进度目标。进度过程中务必跟进计划的落实情况，针对滞后或延期的进程进行干预，确保目标的实现。加强对工程项目的进度控制，提高管理措施的前瞻性和过程控制的有效性，建立建设部门以及参建单位之间的信息共享渠道，实现及时的信息交流。

4. 项目技术管理

工程技术管理是确保电网企业施工质量和经济效益的重要保证，贯穿于工程建设的每个环节。电网企业要建立以技术标准为核心的标准化体系，完善企业内部工作流程和规章制度，避免违规操作，明确各部门职责界面，开展技术管理人员业务培训，提高相关人员的专业素质，确保工程建设全过程技术管理高效开展。

5. 项目造价管理

项目工程造价主要是指整个工程建设需要投入的费用总额。电网工程造价包括建筑安装费用、设备购置费用和其他费用。其中，建筑安装费用指项目基础设施、工艺系统施工、安装等各环节所产生的费用；设备购置费用是电网工程建设期间，设备采购与运输及安置产生的费用；其他费用包括项目管理费用与建设期间相关技术引进所需费用等。

电网工程建设是一项系统工程，涉及的建设项目众多，且复杂程度也较高，要加强电力工程初步设计开始到工程竣工结算的建设过程造价管理，通过设计、招标、合同、工程量和结算等关键环节有效管控，合理确定工程造价。同时，加强概算执行信息的记录和共享，对概算执行情况进行密切监控，及时优化调整。针对退役再利用设备，在技术鉴定的基础上，合理确定相关维护试验成本，以达到降低工程建设造价的目的。

四、运维检修

电网设备资产 80%以上的生命周期处于运维检修阶段，运维检修是资产管理的主要阶段和关键环节，包括资产的状态评价、运行维护、检修管理、技术改造、备品备件。选择科学合理的设备维修方案，对于提高设备和系统的安全效能，节约成本具有重要意义，主要包含整体维修策略选择（事后维修、计划检修、状态检修）；维修方案选择（改造、大修或保持现有状态）；技改大修计划排序。

资产运维管理是指对架空输电线路、变电设备、配电网、电缆及通道、相关附属设备等开展的管理行为，包括设备巡视、检测维护、生产准备与缺陷管理等内容。运行维护是发现设备缺陷及潜伏性运行隐患的有效手段，是开展设备状态评价的基础，为消除隐患、技术改造、设备修理提供必要的依据。

设备检修管理是指对架空交直流输电线路、变电（直流）设备、配电网、电缆及相关附属设施等开展的检修及故障抢修管理。检修管理业务流程主要由检修策略、年度/月度检修计划制定、检修计划实施、应急抢修、检修执行结果汇总等环节组成。电网运维检修业务流程如图 3-7 所示。

1. 运维检修计划

电网企业生产部门根据资产运维策略组织制定年度运行维护计划，并结合资产状态评价结果，将年度运行维护计划分解成月度运行维护计划。根据月度运行维护计划执行情况，设备运维单位记录运行维护过程中发现的设备缺陷信息，并将收集到的设备缺陷信息、状态信息、试验信息等及时反馈至资产状态评级环节，形成状态评价报告，进一步完成资产运维策略。电网企业应以工单为载体，统筹维护检修中的工作任务、安全措施以及所需资源等，以提高工作效率、优化维护检修成本，同时实现工单到设备单体的成本归集，统计单台设备在其全寿命周期过程中各类检修操作的检修成本，为状态评价和决策分析提供数据基础。

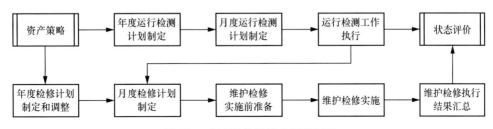

图 3-7　电网运维检修业务流程图

2．应急抢修管理

电网企业应强化生产基建协调、应急物资调配、用户信息互联等基础管理，加强各专业、外包队伍、社会力量横向协同，促进资产、故障、用户、抢修等信息共享和资源调配，快速有效地处置可能发生的电网设备故障，最大限度地控制和降低对电网生产和供电服务的影响。

3．状态评估管理

根据运行检测和维护检修等工作所获取的设备性能、利用率、可靠性等检测数据和记录信息，对在线数据和历史数据进行分析，以设备状态评价结果为基础，综合状态评价、需求评价和技术经济评价等技术手段，从针对性、合理性和科学性几个角度，采用量化的方法对设备是"技术改造"还是"大修"做出判断，对设备当前状态和未来状态发展趋势进行评估并将结果应用于指导技术改造和资产策略的动态更新。将设备性能、技术性和经济性简化成是否满足报废的几个判断条件，并将浴盆曲线转折点作为设备寿命使用情况的判断，对改造拆除做出"再利用"或"报废"处置意见。

4．备品备件管理

对设备类型、运行状况、历史故障数据等统计信息进行综合风险评价，根据设备故障发生概率、影响程度、可替换性及其配置的综合成本等因素，确定备品备件的配置标准、储备方式、使用和管理流程。建立各备品备件的储备定额标准，减少同品种备件的多份备库，实现备品备件的信息共享；对超出配置标准的备品备件通过工程建设渠道进行再利用。

五、退役处置

退役处置是资产全寿命周期管理的最后一个阶段，是指生产运行中的实物资产离开原运行功能位置或在运行功能位置与系统隔离的处置方式。电网企业不断开展大量配电网建设及改造工作，以满足经济高速增长及城市规划建设发展对电力的需求等，使得大批在运项目资产设备退役并闲置，其原因包括项目资产技术性能下降、到达使用年限或遭外力破坏等。

退役处置有三种处理结果：报废、转入备品备件和再利用。对于报废的资产，应从资产安全、效能、成本等角度进行技术鉴定，考虑设备剩余寿命的影响；转入备品备件及再利用是资产更新循环的主要途径，也是资产全寿命周期延长的体现。对再利用的资产应实行联动管理，在新一轮规划设计阶段的基建、技改等项目以及抢修工作中优先使用。电网资产退役处置流程如图3-8所示。

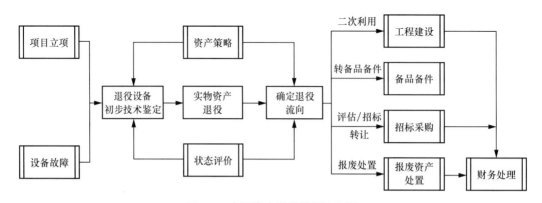

图 3-8 电网资产退役处置流程图

1. 退役设备鉴定

在编制项目可研时，可研编制单位组织人员对相关设备进行评估，对拟退役资产和库存再利用资产进行初步技术鉴定。满足条件的可再利用资产会被锁定，防止被其他项目重复再利用。可研项目经过审查后，形成年度项目储备库，项目单位依据年度投资计划编制年度资产退役及再利用计划。

2. 退役处置管理

由于地方经济快速发展、规划调整等引起电网扩容、设备提前更换导致的设备退役，该类退役设备运行年限短，具备重复使用价值。当退役设备直接或者经修复后可以继续使用时，如果与工程项目的工期相匹配，则经过保护性拆除后转移到工程建设环节。当退役设备暂时没有再利用需求时，应进行保护性拆除后移交物资部门妥善保管，并由物资部门按照要求进行保养，确保随时可用。退役设备备品应尽量在企业内部通过工程项目或设备抢修进行再利用管理，当企业内部没有合适的退役设备备品时，可由生产部门向上级单位提出需求，由上级单位生产部门协调解决。

3. 退役处置优化

退役设备再利用遵循"谁产生、谁负责"的原则，根据风险评分值确定设备再利用方式。将设备退役再利用涉及的所有流程进行梳理，实现设备退役流程与项目可研初设流程、物资仓库管理流程之间的贯通。

第三节 业务流程管控方法

本小节主要将业务流程管控细分为项目风险管理和成本管理，并分别就其在全寿命周期管理中的体现和运用进行论述。

一、风险管理

1931 年，美国管理协会首先提出并以学术会议及研究班等形式探讨和研究风险管理理论问题。1963 年，《企业的风险管理》一书的出版推动风险管理研究逐步趋向系统化，并成为一门独立学科。1987 年，清华大学郭仲伟教授《风险分析与决策》一书的出版标志着我国风险管理研究的开始。在工程项目风险管理研究方面，英国率先提出工程项目风险管理系统研究的思想。1994 年，欧盟提出了 RISKMAN 综合风险管理系统方法，建立了一个更加综合的框架来枚举并估计项目的潜在风险因素。国内学者则集中在风险评价与分析技术方向，探讨了综合集成法、风险矩阵、层析分析法等方法在风险管理评价的应用。这些方法的应用有助于更加准确地对工程项目风险进行评估和管理，从而降低风险带来的损失。

（一）风险分析

电网企业是国民经济的重要基础，是国家能源产业和经济命脉的关键环节之一。作为电网企业的核心管理工作之一，电网资产管理不仅关系企业的经济效益，更直接影响电网的安全稳定运行。当前，电力行业正处在新型电力系统加速构建的关键期，系统结构性风险与转型期风险交织，电网资产管理面临自然环境、设备故障、人为操作失误、市场变化等多个方面风险。电网资产管理风险不仅可能给电网企业带来经济损失，还将直接影响电力供应的安全性和稳定性。

1. 自然风险

自然风险包括地震、洪涝、台风等自然灾害对电网设备和设施的破坏。自然灾害具有不可预测性和破坏性强的特点，一旦发生往往会对电网系统造成严重的物理损害，甚至导致整个电网系统的瘫痪。此外，极端天气条件，如暴风雪、雷电、高温等，也会对电网的正常运行产生影响，增加电网运行的不确定性和风险。

2. 技术风险

技术风险包括设备老化、技术落后、设计缺陷等导致的电网设备故障和运行不稳定。随着电网设备的老化，其性能会逐渐下降，易发生故障，影响电网的稳定运行；若电网企业采用的技术落后或设备设计存在缺陷，也会导致电网设备的故障率增加，降低电网运行的可靠性。

3. 操作风险

操作风险主要是由于人为因素导致的电网事故和损失，包括操作人员的失误、管理不善、违规操作等原因。人为因素在电网运行中具有很大的不确定性，一旦发生操作失误或管理不善等问题，将会导致电网事故的发生，给电网资产造成损失。

4. 市场风险

市场风险主要来源于电力市场的价格波动和供需失衡等因素。电力市场的价格波动会影响电网企业的经济效益，而供需失衡则可能导致电网设备的过载或空闲，影响电网的运行效率。

5. 法律风险

法律风险包括政策变化、法律法规修订等带来的合规性风险。政策变化和法律法规的修订可能会对电网企业的运营产生影响，需要密切关注政策动态和法律法规的变化，确保电网企业自身运营的合规性。

（二）风险管理措施

为应对电网资产管理面临的风险，需要建立涵盖风险识别、风险评估、风险应对和风险控制等多个环节的风险管理机制，明确各级管理层的职责和权限，确保及时发现并应对各类风险。要加强风险识别和评估工作，发现潜在的风险隐患，并对其进行深入分析。通过科学的风险评估方法，确定各类风险的概率和影响程度，为制订风险应对措施提供科学依据，以确保电网资产的安全稳定运行和企业的可持续发展。

1. 风险识别

项目风险来源众多、影响范围广，项目风险识别是风险管理的基础工作，主要通过广泛收集项目各个阶段、各个主体、各个方面的风险相关信息，进而归纳、确定项目存在的风险因素，编制项目整体风险识别报告，为后续风险管理工作提供信息支持。风险识别并非一次性行为，而应贯穿整个项目周期中，保持连续性和循环性。在工程进展过程中，需随时补充并确认可能被遗漏或突然出现的风险。

风险识别的方法主要有德尔菲法、核查列表法、分解结构法、事故树分析法和因子分析法等。

（1）德尔菲法。德尔菲法通常遵循以下规程：首先，针对所研究的问题，向相关专家进行咨询，收集并整理他们的见解；接着，将收集到的见解以匿名方式反馈给各位专家，再次寻求他们的观点；然后，对这些观点进行再次的整理和统计，并将结果再次反馈给专家们，此过程需反复进行，直到专家们的见解基本达成一致为止。德尔菲法的优势在于能突破数据分析的限制，通过系统分析有效地获得其他方法难以获取的数据信息，并可靠地识别风险。其局限性在于风险识别结果的精确性受到时间的限制，并以多数人的意见为正确意见，因此较为保守。

（2）核查列表法。核查列表法是指将以往类似项目中经常出现的风险因素列于核查表上，据此风险识别人员对各项风险因素检查和核对，以判别该项目是否存在类似的风险因素。在电力工程项目中，核查表列示的风险因素通常包括类似工程项目的工程概况、项目组织成员的技能、项目规划的结果（成本、功能、质量、进度、采购与合同、资源分配等计划成果）、项目可投入的资源、造成项目损失的原因等。核查列表法可操作性强，能够使工程项目风险识别工作变得简单。但其主要依赖于专家和历史经验，不能识别隐含的低层级的风险因素，判断风险因素的重要相关性，且识别过程中易产生风险遗漏，故需要更新和完善不同环境下项目风险识别清单以克服其遗漏的风险。

（3）分解结构法（WBS-RBS）。工作结构分解法是项目管理最得力的工具和方法，被称为"计划前的计划，设计前的设计"，其将项目过程分解成互相独立、互相影响、互相联系的项目单元。而风险结构分解法则是一种将工程项目中可能引发风险的因素按照特定方法分解成多个风险元的方法，这使得风险因素更加具体化，便于我们识别和应对。这种方法有助于弄清项目的组成部分、风险因素的具体情况、各个组成部分的性质、项目组成与风险因素 0 之间的关系等，从而降低项目结构以及风险因素的不确定性，具有很强的逻辑性和针对性。

（4）事故树分析法。事故树分析法利用图解的方法对引起事故的各种风险因素进行分解，将大事故分解成小事故，本质上类似于可靠性工程中的失效树形式，对可能引发事故的各种风险因素进行层次性识别。事故树分析法的主要优点是能够将影响项目整体目标的风险因素之间的关系清晰、直观地表达出来，从而方便采取相应的措施解决问题。同时，该方法涵盖了系统内外的所有失效机理，对所有可能导致事故的风险因素进行了全面的分析；局限之处在于在大规模系统的应用中，容易遗漏或错误识别风险因素。

（5）因子分析法。因子分析法将多元统计分析方法应用于工程项目风险识别，其实现步骤如下：

第一步，通过核查列表法，初步识别影响项目目标的所有可能的风险因素，以及类似统计样本的目标偏差百分比，由专家给出各风险因素的影响值。

第二步，利用主成分分析法求解因子模型中的因子载荷系数。

第三步，根据主因子的载荷系数和对应的原始指标，判断原指标对主因子的相关性影响，对主因子变量进行经济含义解释并命名。

第四步，对风险因素的影响进行综合评价。

因子分析法通过消除风险因素之间的相关性，对其进行筛选和分类，准确识别出关键风险因素，为风险评估、评价以及后续风险应对提供了必要的先决条件。作为一种高效的风险识别方法，因子分析法与风险估计和评价模型的有效结合，能够显著提高风险评价的准确性。

2. 风险评估

风险评估是风险管理的核心内容，主要工作内容为分析历史项目数据，预测各类风险因素的发生概率，同时估算各因素可能产生的风险损失，并根据风险发生概率和预计损失量，确定各类风险的大小和等级。

风险评估工作采取常态与动态相结合的管理方式：风险常态管理指的是每年定期进行风险评估，根据企业特点和风险控制需求来规划；风险动态管理是指在突发事件发生后，或是季节性气候变化、专项活动及风险控制措施实施之后，对新的风险和原有风险的变化重新进行评估，并将评估结果系统地维护在风险信息库中。

常见的电网工程项目风险分析与评估方法包括主观评分法、敏感性分析法、决策树法、综合评价方法等。

（1）主观评分法。主观评分法是主观风险分析方法的代表，依赖于专家经验来评估每个风险事件的风险水平，并为每个风险事件赋予相应的权重。在电网工程项目风险管理中，主观评分法具有一定的适用性，其量化风险因素的具体步骤如下：

1）确定各风险因素的风险评分范围；

2）确定各风险因素的风险水平，即对每一项风险因素的风险水平进行打分；

3）分析风险因素的风险等级，按照打分情况对各风险事件的风险等级进行归类，风险等级高的因素需要管理者或项目业主重点把控。

主观评分法的优势在于操作简单，但大量人为因素会对项目风险判断产生重要影响，在具体应用过程中需要同项目建设实际相结合。

（2）敏感性分析法。敏感性分析法是一种典型的不确定性分析方法，用于在不确定因素中找出对各类指标产生重要影响的敏感因素，并评估这些因素的变化对项目本身风险水平的影响。敏感性分析的一般步骤如下：

1）确定具体的评估分析指标，将指标作为评价对象；

2）选取需进行敏感性分析的不确定因素，典型的财务指标如价格变动、规模变动、投资额变动等；

3）确定各个不确定因素的敏感性程度；

4）通过不确定因素的正、负向变动，观察这些敏感性指标对电网工程项目风险的影响程度，进而采取相应的应对措施。

敏感性分析能够有效发现对电网工程项目风险影响程度最大的指标，为相关的管理工作提供了明确的方向。其局限性在于评估指标多来自企业或项目自身，其分析合理性需要通过同其他项目指标对比不断完善。

（3）决策树法。决策树法基于概率理论，利用树状图展示电网工程项目中各风险事件的相互关系。每个决策点代表了问题的决策，树的分支代表每种可选择的方案，而树状图的末端则标注了每个风险因素发生的概率。这种方法直观地展现了风险事件对电网工程项目的影响程度。

通过绘制电网工程项目的风险事件树状图，可以有效地对风险因素进行分解，并计算各个风险因素的频率和期望值。这种方法有助于在不同风险因素之间进行对比。然而，当某些事件无法通过树状结构进行描述时，该方法会受到一定的局限性。此外，由于风险评估结果具有较强的主观性，因此在应用时需要结合实际项目情况。

（4）综合分析评价法。综合评价方法已经广泛地应用到工程项目的风险评价工作中，较为典型的有层次分析法。层次分析法的基本原理是将一个复杂的评价系统，按其内在的逻辑关系及评价指标构成一个有序的层次结构；评价专家或管理人员针对每一层的指标特点，运用其专业知识和经验对其属性进行判断，确定各指标间的两两相互关系，按照其相对重要程度确定评价判别矩阵。

层次分析法的优势在于其结合了主观赋权法和客观赋权法，不仅考虑了指标之间的客观关系，还包含了专家经验的主观判断。这种双重特性使得层次分析法的可靠性得到提高，并且被广泛应用于工程项目风险评价等复杂的评价问题中。

3. 风险应对

项目风险应对是指在风险事件发生后，为了使电网工程项目风险得到有效控制，尽可能降低项目风险损失，项目管理者制定的一系列风险管理战略、措施和技术手段，从而保障项目建设的顺利进行。电网企业针对电网工程项目所制定的基本管理机制应与企业的实际管理水平相适应，对风险控制成本、风险承受能力、风险涉及主体等具体情况有充分了解，以提高风险基本应对机制的实施效果。

基于风险评估结果，按风险等级对项目风险进行分类处理。一般的风险应对办法有风险规避、风险减轻、风险自留、风险转移、风险组合响应等。

（1）风险回避措施：对项目工作人员开展技术、经济、安全等方面教育，增强全体员工的风险防范意识；停止项目建设，避免风险；运用标准化、规范化和制度化的方式来从事项目活动。

（2）风险控制措施：投保建筑工程险、安装工程险、人身险等保险；接受风险，必须对风险发生的损失后果具有充分把握，而且不能超过企业自身的风险承载力，适当地安排一定的财务投入；适用于投资性质的风险，需要充分分析项目所处的环境和把握时机、缜密地考虑应对的措施。

（3）风险分散措施：用联合体投标的方式来分散风险；后备的风险应急措施（包括：①进度后备措施——在关键路径上进行一段时差或者浮动时间的设置；②预算应急费——一笔事先计提的资金；③技术后备措施——包括技术应急时间、技术应急费）。

（4）风险转移措施：用履约保函或担保来转移风险；用分包来转移风险；用恰当的合同计价方式来转移风险。

通常情况下，对难以控制、风险等级高的项目风险多采用风险转移的响应办法来处理。制定风险响应对策应具体而可操作，且符合项目实际，它具体包括明确项目风险管理目标、界定项目风险管理范围、选取项目风险管理方法、划分项目风险类型、对项目风险等级排序、落实项目风险管理职责和权限、定期进行项目风险跟踪、核对项目风险对策经济性等。

二、成本管理

生产成本是电网企业经营生产过程中的耗费，需要电网企业获得销售收入来予以补偿，故要增加电网企业利润、提高经济效益。成本管理是指企业经营过程中，进行的各项成本核算、成本分析、成本决策和成本控制等管理行为的总称。

全寿命周期成本管理从项目的长期效益出发，综合考虑资产的规划、设计、采购、建设、运行、技改、报废的全过程，在满足安全、效能的前提下实现全寿命周期成本值最优。就资产全寿命周期管理体系而言，成本管理的主要内容包括成本评价指标制定、全寿命周期成本测算以及科学制定成本分配计划。

1. 全寿命周期成本管理（LCCM）

按照资产全寿命周期不同阶段发生成本的特点，从电网资产投资角度对电网资产项目进行成本结构分解，可以分为资本性投入、资产运维成本、资产检修成本、资产故障处置成本和资产报废处置成本五大类，进一步可细分为设备购置费、安装调试费、设备运维人工和材料成本、设备损耗、周期性解体检修、周期性检修维护费用、故障抢修人工和材料及台班成本、设备故障损失电量、资产提前退役成本、资产报废处置过程成本、报废资产处置收入、其他费用等。

全寿命周期成本管理可应用于以下场景：

（1）项目可研方案 LCC 比选。在项目可研环节，在保障安全、质量的前提下合理选择经济技术指标，开展技术经济综合评价，评价不同方案的可靠性成本和收益、运行维护成本差异，以全寿命周期成本最优的准则对方案进行比选，确定最优的可研方案。

（2）项目 LCC 招投标。建立基于全寿命周期成本方法的供应商招标评价模型，完善招标文件、评标方法及后续验证方法，根据供应商提供的数据及企业有关设备运检数据，将初始投资成本、运行成本和维护成本等全寿命综合成本纳入招标采购环节，综合考虑安全、风险等因素，测算各供应商产品的全寿命周期成本，将全寿命周期成本结果作为评标的重要依据。

（3）技改及大修项目 LCC 策略。电网企业在制定年度技术改造计划时，以设备状态评价结果为基础，综合利用状态评价、风险评价和全寿命周期成本评价等技术手段，采用量化的方法对设备进行技术改造或大修做出综合判断。

（4）资产经济寿命 LCC 评估。电网企业以可再利用资产的再利用年限为基准，应用全寿命周期成本方法对可再利用资产进行经济性判定，完善激励机制，在确保安全的前提下，促进在基建、技改等项目中科学、优先使用可再利用资产。

2. 全寿命周期成本优化

全寿命周期成本要素优化管理是指在确定资产功能的基础上，依托资产要素分解结构原理，对资产全部资源要素和价格要素进行确定和控制，即对基本构造要素工程量、基本作业要素工作量、单位价格进行确定和控制，从而实现资产资源和价格要素的最优限量。

在电网企业全寿命周期成本管理中，首先运用现值法，修正运行年限、年利率和通货膨胀率，其次计算资产资本性投入成本、运行成本、维修成本与事故断供电损失的成本之和，最后通过多方案必选得出成本最优方案。

（1）优化原则。

1）坚持"功能定位正确"原则。功能定位应涵盖企业资产的物理特性、实用性、可靠性、安全性、环境要求、美观性、经济性等特点，从而保持功能结构合理。应着重对基本功能、辅助功能、外观功能等进行分类、整理和评价，保证系统选择的功能是正确的、必要的。特别应注意既要适当考虑功能品位，又要有效抑制过剩功能，确保必要的、基本的功能。

2）坚持"功能费用匹配"原则。将经济性贯穿资产全寿命周期，考虑企业资产一次投资的限定性、资产运营费用的长期性，努力追求满足运营功能下的全寿命周期成本降低。

3）坚持"功能费用结构优化"原则。运用系统集成方法，研究各类目资产功能、单项运营功能及功能之间的相互关系，功能与建设费用、功能与运营费用之间的相互关系，力争寻找到一种较优的组合，使优化后的功能费用结构充分实现系统整体功能，放大各类目资产、单项运营的有益功能，实现功能合理的费用优化的目标。

（2）优化步骤。全寿命周期成本优化主要有如下四个步骤：

1）项目费用要素重点对象选择。电网企业资产管理是对资产对象的初始投资、运营维护成本、技改报废成本中的各类资源和成本要素进行统一管理。主要资产对象包括输电线路、配电线路与设备、变电设备、用电计量设备、通信线路与设备、自动化控制设备与仪器仪表、检修与维护设备、生产管理用工器具、运输设备、生产与管理用房屋、生产用建筑物等的初始投资、运营维护成本、技改报废成本中的各类资源和成本要素。

2）项目功能和费用分析。资产功能分析是通过分析费用，明确分析对象的功能，正确表达功能特性要求，确定合理的功能结构。资产费用分析是在满足功能要求的情况下，明确费用结构特点，正确表达分析对象的费用，以确定最低的对象费用。

3）资产投入方案创新与优选。全寿命周期成本管理取得成效的关键是对管理对象存在的问题提出解决的方法，创造新方案，提高价值，降低费用。

4）项目费用降低与优化。项目费用是为获得相应资产功能所付出的经济性代价，因技术进步、管理创新、供求关系等宏观或微观环境的改变，使得企业在不同的时间、地点、条件下，获取相同资产功能的成本费用不同，形成项目费用的差异性与变动性。在项目实施过程中，电网企业可以采用价值工程法，在不影响获得必要功能条件下，降低和优化项目费用。

（3）优化方法。全寿命周期成本优化的实现方法，包含确定和优化资产全寿命周期管理各阶段费用的组织方法、技术方法、经济方法和合同方法。

1）组织方法，是指建立合理的费用管理模式，明确电网企业资产管理的规划设计单位、施工单位、设备供应商、运营单位等各方在费用管理中的任务分工及职责，建立费用管理机制，确定费用管理人员，将费用管理落实到资产管理实施的组织过程中，为费用管理的实现提供组织保障。

2）技术方法，是指通过系统分析、价值分析、方案比较、限额设计、优化施工等手段，明确资产管理费用涉及的技术方案，为费用管理提供工作量基础和价格竞争，将费用管理落实到资产管理体系实施的技术过程中。

3）经济方法，是指用经济奖惩手段等激励机制，调动设计、施工、供应、运营各方人员管理费用的积极性，在资产全寿命周期管理实施的经济过程中实现项目费用管理。

4）合同方法，是指通过各种合同，如设备招投标合同等，为费用管理提供契约保证。供应商、施工、运营等各方就费用及费用管理形成某种约定，承担相应的职责，将费用管理落实到资产管理体系实施的合同过程中。

根据全寿命周期成本映射模型的结构，计算出各部分的比例，各专业可根据企业资产的实际情况，提出全寿命周期各阶段费用的优化措施，以降低或优化全寿命周期成本。

第四节 业务流程优化

本小节主要分析流程运转中存在的问题，并根据这些问题探讨流程优化的难点、方法和目标，以促进资产全寿命周期管理体系优化，继而不断提升业务流程的运转效率。

一、流程运转的常见问题

（1）流程结构不合理。部分企业流程缺乏统一设计，体现在各部门、各阶段工作目标不一致，没有站在资产全寿命周期的角度，对各项业务的调研、投资、运转等工作进行统筹安排；如规划方案比选未明确可研设计方案全寿命周期成本比选要求及方法，运检专业在项目前期缺少相应的评审标准和依据，采购未充分考虑不同地区、高海拔、超低温等特殊环境需求等，导致各部门对安全、效能、成本的追求不一致，对业务各阶段预期目标也不一致。

（2）流程运转不顺畅。部分企业未建立资产全寿命周期管理机构，资产全寿命周期管理工作缺乏整体协调，业务流程的组织架构和管控机制不完善，体现在制定相关制度标准时，缺乏有效的沟通、组织和协调；如物资到货验收环节工作重复性较多、各专业对招标技术规范书参与力度不足等，导致业务流程缺失规范化管理，跨部门、跨业务的流程存在衔接障碍。

（3）信息共享不充分。部分电网企业的信息系统设计不完善，业务与业务之间存在严重的"数据孤岛""信息壁垒"，单个业务流程也存在信息缺失的问题；如物资到货验收环节工作重复性较多，PMS、ERP 贯通程度不足，运行设备的运行记录、缺陷信息尚未共享，项目全过程质量信息共享缺乏相关标准规定等，致使后续流程难以有效开展，严重影响工作效率的提升，也导致企业无法掌握流程的实际状况，难以做出准确且全面的管控决策。

二、流程优化的难点

（1）流程优化风险高。流程优化是一项高风险、高回报的工作，企业需要综合考虑企业资产管理现状，制定出科学合理的优化方案，避免出现工作任务过重、推广实施难等问题，进一步影响员工积极性、企业生产和内部稳定。

（2）具体环节难选择。企业规模越大，业务就越繁杂，需要优化的环节也越多，这会让企业陷入难以选择的境地。因此，在开展流程优化工作之前，企业需要对所有业务流程进行全面分析，从中找出问题最突出、影响最关键、提升空间最大的环节。

（3）团队综合能力不足。流程优化往往涉及多个部门和专业，开展这一工作不仅需要领导的支持，还需要员工积极主动地参与、配合，而且对相关人员的管理能力、专业知识、工作经验等方面的要求很高，企业团队现有能力未必可以支撑。

三、流程优化的方法

1. 建立目标协同机制

企业应明确资产全寿命周期管理的总体目标，并通过相关技术方法和理念来制定分目标，统筹协调安全、效能和成本之间的关系，加强各部门、各阶段工作的沟通和交流，最终在资产管理综合最优的前提下，对各部门、各阶段的工作目标进行协调。

企业还应制定电网规划、电源规划、投资计划、财务预算计划、物资采购计划、运维检修计划、资产退役计划等中长期规划和年度计划，将资产管理的各个阶段打造成一个联系紧密、目标一致的整体，促使每个阶段的分目标都服务于综合最优的总体目标。

2. 建立业务协同机制

企业应建立资产全寿命周期管理机构，加强对资产规划计划、采购建设、运行检修和退役报废的全过程协同管理，并充分运用目标协同优化、业务闭环管理等方法和技术，对现有业务流程进行整体优化，改变以往只关注某一阶段的效益，忽视资产全寿命周期管理的做法。应打破部门之间壁垒，规范各业务流程的协同管理，并明确各部门的责任和义务，促进各业务流程的良好衔接，最终实现资产管理跨部门、跨业务的协同运作。具体建议如下。

（1）通用设计的差异化应用与完善：健全差异化需求反馈机制，定期收集、汇总、审核各级反馈的通用设计差异化建议；针对个性化问题，建议研究确定解决该类问题的方式方法和工作流程。建议借助大数据、信息化手段，缩短通用设计更新时间。

（2）强化规划设计方案比选及应用：《国家电网有限公司电网项目可行性研究工作管理办法》中明确应用设计方案比选的条件、要求和数据来源，组织开展各类设备设计寿命和使用寿命匹配分析，对通用设计的设备年限提出了明确要求。

（3）完善招标技术规范书管理机制：增加业务部门参与技术规范书编制审查的要求，设备专业协同物资专业，优化评标关键参数，将技术规范书评审通过率作为电网装备质量保障指数指标的考核因子，依托 PMS2.0 辅助开展物料主数据准备、技术规范编选等工作，提升技术规范书编制、审核的质量和效率。

（4）优化招标采购策略：健全采购标准常态反馈机制，专业管理部门按季度反馈采购标准修订需求，不断完善采购标准体系；建议针对公开招标采购方式，明确"不属于招标范围但市场竞争充分、规模优势明显的，优先选择公开招标采购方式"。

3．建立数据共享机制

电网企业应梳理各业务流程的需求，建立起规范的信息共享机制，为各部门之间的沟通和交流提供渠道，也为资产全寿命周期管理提供支撑。优化全过程信息化管控，建立"项目—设备"双维度存储架构，形成标准化信息存储规范，推动信息"一次存储、全面应用"；持续推进基于实物"ID"应用的项目全过程信息化管控建设，将项目全过程质量、设备排产计划、到货验收等关键资料与实物"ID"关联；基于实物"ID"，构建可研、设计、物资、施工质量信息贯通共享机制，通过采集项目过程资料电子数据，跟踪管控施工质量信息，智能分析工程进度并推送偏差预警，落实质量管控责任，实现全过程数字化追溯，推动工程质量提升；推动系统功能适应性改造，实现供应商绩效自动评价，应用大数据绘制供应商总体画像，推动供应商优选和差异化管控。

第四章 资产管理策略

电网企业资产管理策略向上承接国家机关政策和发展战略、行业企业发展战略、资产管理政策和总体经营目标，向下指导企业制定资产管理计划和开展各项业务活动。国网湖北省电力有限公司（简称"国网湖北电力"）资产全寿命周期管理领导小组组织开展策略编制，结合湖北地域特点和资产现状，通过编制策略文件、构建策略理论框架等方式，完成了国网公司战略目标的承接、转换、分解和落实；通过 SWOT（strengths，优势；weaknesses，劣势；opportunities，机会；threats，威胁）分析，明晰优势及机会，统筹制定近期、中期、远期发展目标，明确资产管理工作方向，分解细化各环节目标与管理提升策略；以问题为导向，分析规划设计、物资采购、工程建设、运维检修、退役处置及综合管理各阶段各业务环节策略执行情况。

第一节 概 述

一、背景

2020 年 3 月，国网公司提出"建设具有中国特色国际领先的能源互联网企业"的战略目标，提出要"明确资产政策，落实管理策略"。国网湖北电力召开资产全寿命周期管理领导小组扩大会议，强调"公司要主动落实国网公司战略部署，主动对标国际先进能源企业，科学制定资产管理策略目标，寻找社会利益与公司利益的最佳平衡点，更好地服务国家、服务社会、服务用户。"公司结合实际工作，明确公司资产管理工作方向，分解、细化了各环节目标与管理提升策略。

二、定义、目的、意义

制定资产管理策略，目的是为统一资产全寿命周期管理的计划和实施方法，以便在管理政策的指导下，准确理解各项管理政策和经营目标，保障各部门、各单位的生产计划能够有效落实。在体系规范的框架下，持续夯实管理基础、深化策略应用，结合自身业务特点和优势，突出资产管理工作的特色和亮点，促进资产全寿命周期管理水平提升。策略制定工作聚焦于"选好设备、招好设备、造好设备、装好设备、用好设备"，落实国网公司提质增效工作的相关要求，明晰"投入精准、质量提升、风险受控、绩效突出、体系完善"的资产管理政策，制定出切合实际情况的资产管理策略，指导各部门、各单位完善规划设计、采购建设、运维检修、退役处置等关键业务环节，努力实现资产的安全、效能、成本综合最优，并持续完善管理战略决策、管理业务执行、基础支撑保障和监测评价改进等工作。

三、内外部环境

1. 外部环境

外部环境包括：社会经济发展态势和主要用电企业运营情况；国家开展电价监审对电网企业的影响；新基建对电网企业的影响。

2. 内部环境

内部环境包括：电网企业战略对资产全寿命周期管理的影响；方针和提质增效的要求；资产的现状和问题，包括资产规模、资产绩效、安全风险、组织架构、人员能力和技术水平等；资产管理体系的现状和问题，包括体系的审核反馈、评估结果等。

四、问题与形势

随着电力体制改革、安全生产管理的不断演进，电网企业面临着保安全与精投资、降电价与增效益、强监管与促发展的多重挑战。近年来，电网企业电价空间逐步收窄，依赖"量价"的传统电网业务增长受限，企业在主动服务社会经济发展、保障电力安全可靠供应的同时，生产经营也面临着压力和挑战。另外，全球范围内正在进行以清洁低碳为方向、以新能源大规模开发利用为标志、以先进能源技术与数字技术融合创新为特征的深刻能源变革，传统电网面临着前所未有的挑战。当前资产策略定位不明确，作用发挥较弱，尚无有效的考核方式，策略制定停留在管理研究阶段，策略部分内容与专业工作现状结合不够紧密，对实际工作的指导作用不够明显。

第二节 方 法 介 绍

国网湖北电力围绕国网"建设具有中国特色国际领先的能源互联网企业"的战略目标，确定"华中区域领先、国网第一梯队"的经营目标，将这两个目标作为总体指导思想和提升方向。应用资产策略 SWOT 分析方法，梳理资产全寿命周期管理重心，制定资产管理近期、中期和长期发展目标，从规划计划、物资采购、工程建设、运维检修、退役处置、综合管理等六个方面，明确资产策略提升方向、推动资产策略落地应用。

一、构建管理策略理论框架

构建管理策略的理论框架，具体包括分解、转换发展战略，分析资产全寿命周期管理政策，制定资产全寿命周期管理战略、管理政策和目标策略。

1. 发展战略分解转换

以国网公司战略为指导，以设备高质量发展、资产全寿命周期管理为主线，着力解决现有设备在电网发展中的瓶颈问题，在补强电网薄弱环节的同时，提高电网设备的本质安全。

2. 资产全寿命周期管理政策分析

统筹自身总体目标和国网公司战略，明确"投入精准、质量提升、风险受控、绩效突出、体系完善"的资产管理政策，强调要结合电网企业经营现状，在安全、效能、成本综合最优的基础上，把握好资产全寿命周期管理的工作重心，统筹规划计划、采购建设、运维检修、退役处置、综合管理等环节，制定年度资产管理水平提升方案，且年度计划之间要做到无缝衔接，同时不偏离"建设具有卓越竞争力和持续生命力资产全寿命周期管理体系"的长期目标。

3. 资产全寿命周期管理战略制定

通过制定 SAMP 实施模型，完成战略分解。以资产全寿命周期管理体系规范为核心，分析国网公司体系规范的战略要素分析图。借鉴战略分解方法，OPDCA 方法，平衡计分卡等工具完成国网湖北电力的 SAMP 实施模型，完成战略分解转换。SAMP 业务分析如图 4-1 所示。

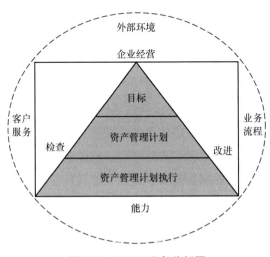

图 4-1 SAMP 业务分析图

围绕电网企业战略落地体系，统筹兼顾安全、质量、技术、经济、服务五大核心要素，实施"三全"（全员、全寿命、全要素）管理，加快构建具备"五化"（管理精益化、队伍专业化、装备智能化、业务数字化、绩效最优化）特征的特色现代设备管理体系。其中，明确了全寿命管理要统筹平衡安全、效能、成本，实现规划设计、物资采购、工程建设、运维检修、退役报废各阶段业务高度协同，目标统一，成本线性管理，绩效综合最优。

二、分析资产管理现状

资产管理策略的制定紧紧围绕提质增效目标，运用资产策略 SWOT 分析方法，聚焦于实物资产管理、设备资产管理等重要工作，全面分析实物资产管理、电网资产管理优化等重要工作的现状，并深入剖析电网企业资产管理面临的优势、劣势、机会和威胁，最终制定符合电网企业实际发展形势的管理策略。

1. 实物资产现状 SWOT 分析

当前实物资产在管理上呈现投资规模稳步增长、电网效益提升及成新率较高等优势，但同时也面临老旧资产处理、地域限制及沟通协调不畅等劣势。国家发展环境优越、政策利好及新技术应用等为电网升级和业务拓展提供了广阔空间，但安全生产要求的提高、社会供电需求增加及电力体制改革深化等则构成了潜在威胁。实物资产现状 SWOT 分析见表 4-1。

表 4-1 实物资产现状 SWOT 分析表

实物资产内外部现状	
S（strengths，优势）	**W（weaknesses，劣势）**
1. 投资规模：近几年来公司电网规模的总体情况。 2. 电网效益：近几年公司售电量变化趋势。 3. 电网发展规模、资产规模、资产成新率。 4. 资产情况分析：明晰资产平均年龄及未来发展方向。 5. 设备运行工况和健康水平、电网质量效益	1. 公司当前面临的资产管理问题：老旧资产、逾龄资产。 2. 安全可靠、运行质效方面：非停及故障频次及比例等。 3. 受地域因素制约对资产造成的影响。 4. 财务指标：固定资产总投入、净资产收益率、经营效益、检修"三费"等。 5. 公司管理沟通协调问题
O（opportunities，机会）	**T（threats，威胁）**
1. 国家发展环境、政策支撑，经济发展趋势。 2. 国家战略定位带来黄金发展机遇。 3. 公司所在省市提供的便利，或得天独厚的发展优势。 4. 政企合作深化，区域和产业战略布局进一步完善。 5. 制造业高质量发展带来新旧动能转换。 6. 新技术发展给运检管理提供助力	1. 国家对安全生产要求不断加强，安全工作依然严峻。 2. 人民美好生活需要对供电服务的要求更高，社会对供电保障要求越来越高。 3. 助力疫后重振对优化营商环境的要求更高。 4. 降低社会用能成本要求更高。 5. 电力体制改革全面深化，改革步伐越来越快。 6. 电价监审日益加强，监管力度越来越大。 7. 能源、数字革命深度融合，电网和业务转型升级迫在眉睫。 8. 新能源发展给电网发展带来挑战。 9. 暴雨洪涝、干旱、低温冻害、雷暴等灾害性天气时有发生，气象灾害频繁
策略分析	
S-O（利用优势抓住机会）	**O-W（利用机会弥补劣势）**
1. 利用电网持续投入带来的可靠性提高，扩大市场占有率。 2. 利用电网可靠性，加大电能替代宣传，增加电能替代的比例，提高人均用电量。 3. 利用自身电网结构优势，抓住国家对特高压建设的投入，持续改善电网结构。 4. 利用电网可靠性高的优势，抓住经济增长带来电力市场需求增大的机会	1. 利用经济稳步增长的机会，持续改进配电网、输电线路等薄弱环节改造。 2. 利用发展电能替代的机会，有针对性地补足薄弱环节。 3. 利用特高压建设的机会，改造配套输电线路，解决输电线路老龄化问题。 4. 利用投资热点，进行局部薄弱点升级改造
S-T（利用优势规避威胁）	**W-T（弥补劣势，规避威胁）**
1. 近几年，电网建设每年投入上百亿元，利用此优势，根据市场要求，提高电网可靠性和电能质量。 2. 利用电网结构优势，争取考核整体得分提升。 3. 利用电网整体成新率高的优势，加强安全生产管理，安全管理层层落实。 4. 利用逐渐投入的电网建设优势，解决舞动、"三跨"等突出问题	1. 向政府展现真实情况，争取更多运维费空间。 2. 利用电网发展要求提高，细化需求，从点入手，逐步改造，弥补薄弱环节。加大电网本质安全提升改造，确保安全生产。 3. 加强应急管理、小气候区域电网治理，确保供电安全、可靠

2. 资产管理现状 SWOT 分析

当前资产管理面临逾龄资产、投资规模增大、市场竞争加剧、新技术替代等挑战，但随着国家"一带一路"倡议、能源结构优化等政策的提出，为电网企业发展带来了新的发展机遇。资产管理现状 SWOT 分析见表 4-2。

表 4-2	资产管理现状 SWOT 分析表

资产管理内外部现状

S（strengths，优势）	W（weaknesses，劣势）
1．已形成省公司、地市级公司 2 级资产管理架构。 2．已经有内部审核、管理评审制度。 3．已经有评价体系，并开始试运行。 4．多维精益化管理本地化，退役管理不断强化，逾龄资产治理有序开展。 5．大力推进监管政策宣贯，全面依法治企不断深入	1．公司逾龄资产和无偿接收的用户资产等非有效资产规模逐年增加。 2．长期高强度、大规模的电网建设带来资产规模显著增加，且在电量低增长、电价低水平的新常态下，公司为履行社会责任、稳定社会预期，服务"新基建"建设，仍需保持较大的投资规模。 3．公司资产成新率、老旧设备运维改造、运维人员负增长、设备规模等问题。 4．自然环境因素：自然灾害、气候问题。 5．公司管理方面：对资产运营和管理要求不明确。 6．基础数据质量问题。 7．缺乏信息化手段支撑

O（opportunities，机会）	T（threats，威胁）
1．国网公司战略——"国际领先"、国网公司加大"放管服"力度、国网公司提质增效。 2．国家发展"两湖一江"和长江经济带建设；沿江城市群建设；县域经济持续快速增长，用电增长后劲强大。 3．能源转型、动能升级的发展趋势，公司和电网跨越发展迎来重大机遇	1．党中央对安全生产的要求越来越高、能源转型对电力安全的要求越来越高、解决安全深层次矛盾对工作要求越来越高。 2．国内经济发展面临需求收缩、供给冲击、预期转弱三重压力。打造"51020"现代产业集群和优化营商环境部署，对做好电力保障支撑提出更高要求。 3．宏观经营形势仍不稳定，售电量较长时间内难以回升，社会各界降价呼声较高，后期仍存在降价风险。 4．电价监管正从基于财务报表的总量监管向基于业务活动的业务明细监管的转变，监管规则更细、过程更严、内容更深，政府对公司资产管理透明度预期越来越高。 5．电力市场建设进程提速，电价市场化改革纵深推进，电价形成机制、执行方式和电网企业经营服务模式发生重大变化。 6．新型电力系统建设、"大经营"体系构建、新兴产业发展正处在爬坡过坎、提档升级的关键阶段，迫切需要取得突破性进展和实质性成效。 7．成本监审对资产有效性核定更加严格。 8．国资委对国网公司考核存在一定压力

策略分析

S-O（利用优势抓住机会）	O-W（利用机会弥补劣势）
1．利用已经形成的组织架构，抓住国网公司要求战略落地机会，深入提升资产全寿命周期管理水平。 2．利用已有评价体系，抓住实现"国际领先"战略和提质增效机会，建立符合体系规范标准、适应公司现状、具有特色的绩效评价体系。 3．利用多维精益成果，抓住提升增效机会，加快推广应用。 4．利用退役管理和逾龄资产治理优势，抓住提质增效机会，提高退役设备再利用率和减少逾龄资产规模。 5．利用电网持续投入带来的可靠性提高，抓住经济增长带来电力市场需求增大的机会。着力提升生产成本管理效率、精准投入水平和企业经营绩效	1．利于国网公司战略落实机会，明确省级、地市级单位目标。利用"放管服"机会，优化运维人员结构性不足的劣势。 2．利用提质增效的机会，弥补环节协同不够、数据质量不高的弱势。 3．建立资产全寿命周期管理信息系统，弥补缺乏信息化手段支撑的不足，提高效率和效益。 4．应用资产全寿命周期管理的理念和方法，形成一套包含安全、高效、成本综合量化计算在电网基建项目可研初设阶段应用的综合比选体系，制定通用设计差异化应用策略。 5．利用经济稳步增长的机会，持续改进全寿命周期成本归集、全过程费用精细管控、全场景多维数据应用、全方位资源精准配置方面的问题，保障电网设备安全稳定运行，促进公司和电网高质量发展

续表

S-T（利用优势规避威胁）	W-T（弥补劣势，规避威胁）
1. 利用逾龄资产治理成果，降低电价监审对运维环节的影响。 2. 利用多维精益化管理，提升运维成本合理分配，压缩内部管理成本，提升管理效率。 3. 利用绩效评价成果，提升资产全寿命周期管理水平，缓解国资委对公司考核压力	1. 建立专业的信息系统，提高资产全寿命周期管理效率，提高资产运营效率，减少电价监审带来的威胁。 2. 全面评估资产现状，推进逾龄资产、用户资产价值重塑，有序推进资产管理优化。 3. 提高数据质量，通过对设备负载大数据分析，分析复工复产节奏，为产业链上下游企业做好生产恢复参考进度指导。 4. 明确企业管理目标、各单位目标，把国资委对公司考核内容融入管理中。 5. 响应公司经营改革发展和提质增效工作部署，建立跨专业数据融合标准，贯通业财信息链条，统筹设备状态、运维模式、人员结构和地区差异等因素，持续推进标准作业成本差异化应用，推进设备全寿命周期成本归集"一本账"，实现生产成本合理配置，提升设备健康水平和风险管控能力，支撑现代设备管理体系高效运转

三、明确工作目标

1. 制定总体目标

以问题为导向、以目标为导向、以结果为导向，资产实物管理和价值管理并重，坚持"一业为主，四翼齐飞，全要素发力"，在安全、效能、成本综合最优的基础上，结合电网企业生产经营现状，制定电网企业年度管理提升方案。从规划计划、物资采购、工程建设、运维检修、退役处置、综合管理等六个方面，加强各业务策略管理计划的落地执行和协同管控。

2. 制定近期目标（3 年内）

（1）主网设备账卡物对应率达到 98%，配电网主要设备账卡物对应率达到 90%。

（2）利用实物"ID"建设成果，抓住"放管服"和提质增效的机会，扩大实物"ID"建设应用成果，形成具有特色可推广的应用成果；全面实现各环节实物"ID"信息贯通。

（3）利用生产成本精益管理成果，抓住提升增效机会，加快推广应用。

（4）试点单位实现"五好"（选好，招好，造好，装好，用好）设备在各环节落实，基本实现安全、效能、成本综合最优；"五好"设备在各个业务环节基本落实，建立起适用的绩效指标体系。

（5）在试点单位建立完整体系，基本实现体系环节全部落实。

3. 制定中期目标（5 年内）

（1）优化发展投资，利用自身电网结构优势，抓住国家对特高压建设投入契机，持续改善电网结构；利用投资热点，有计划进行局部薄弱点升级改造；利用 5G 基建需求，合理改造配电网端薄弱点。

（2）根据"1146"[围绕"建设具有卓越竞争力和持续生命力的资产全寿命周期管理体系"的长期目标（1 个目标），抓好"管理要素完备、流程协同高效、业绩成效显著"的主线（1 条主线），持续完善"管理战略决策、管理业务执行、基础支撑保障、监测评价改进"体系（4 个体系），抓实"设计、物资采购、工程建设、运维检修、退役报废和成本"等关键业务环节（6 个环节）]总体思路，局部环节实现安全、效能、成本综合最优，各单位建立起完整的资产全寿命周期管理体系。

（3）能有效实现"五好"设备在规划设计、物资采购、工程建设、运维检修、退役处置环节落实。

（4）利用资产现状，争取更多输配电价监审腾挪空间。

4. 制定长期目标（10 年内）

（1）利用电网结构优势，争取国资委四项考核整体得分不断提升。

（2）利用投入逐渐增加的电网建设优势，解决"三跨"（跨越高速铁路、高速公路和重要输电通道）等突出问题，提高电网本质安全，并加强应急管理、小气候区域电网治理，确保供电安全、可靠。

（3）实现资产成本、风险、绩效综合最优；电网企业资产全寿命周期管理综合评定达到卓越型，并不断自我超越。

（4）实现资产为企业创造最大价值的目标。

四、构建绩效指标体系

制定资产管理策略，目的在于提高电力安全可靠水平、提升资产运营质效、加强成本精益管控、指导资产全寿命周期管理工作，而绩效指标体系的建立，能够有效跟踪资产管理目标落实情况。

1. 明确一级指标

从践行资产全寿命周期管理安全、效能、成本综合最优理念出发，针对性设定安全可靠、运营质效、成本管控、管理提升 4 个一级指标，旨在综合衡量资产管理策略的实施情况，实现指标体系与资产管理策略中的各项工作相互对应，及时反馈资产管理过程中遇到的问题，直观反映资产管理策略的指导程度。

（1）安全可靠指标：反映电网可靠和安全稳定整体情况，督促各部门各单位重视电网安全，客观反映各部门安全责任实际情况。

（2）运营质效指标：反映电网资产运行效率和效益，涉及各环节业务融合，促进各部门加强各业务环节资产管理，提升整体运营质效，可反映资产效能管理综合水平。

（3）成本管控指标：反映成本管理和成本归集水平，通过分析指标掌握资产管理成本变化规律。

（4）管理提升指标，反映电网企业资产全寿命周期管理基础管理和体系运行，体现领导小组办公室建设、各部门协同合作水平等，促进各部门加强业务协同，提高工作积极性，提升资产管理水平。

2. 确定指标分解方法

按照绩效指标分解原则，采用 HTD 法（逐级承接分解法），从同业对标、企业负责人考核指标体系中，选取 10 个二级指标和 29 个三级指标，全面覆盖规划计划、物资采购、工程建设、运维检修、退役处置等业务环节，与资产管理策略相互对应，构建出完整的绩效指标体系，能够客观反映电网企业资产管理水平，促进各专业不断提高资产运营效率，促进资产管理效益持续提升。绩效指标体系如图 4-2 所示。

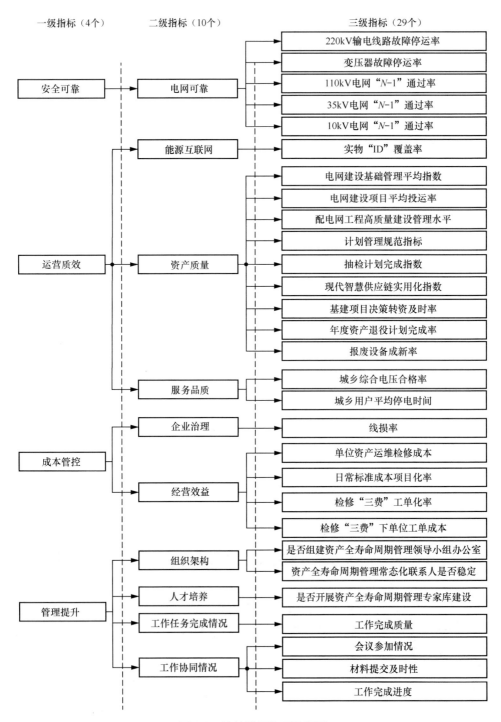

图 4-2 绩效指标体系示意图

3. 量化管理

根据电网企业资产管理实际情况，结合各级指标选取的数量，明确指标权重分配。可组织相关部门专家商议讨论，按照电网企业实际情况综合考量指标优先级，确定各项一级、二级、三级指标权重分配，或平均分配各项权重。专家判断存在一定程度的主观性，但全面分析了电网企业整体运行情况；平均分配客观性较强，但重要程度低的指标和重要程度高的权重一致，重要程度不同的指标对电网企业的影响程度也不同，平均分配会忽视指标的重要性。明晰各项指标在不同范围的给分情况，通过量化指标结果，分析资产管理策略对各项工作的指导情况。

4. 定期监测

形成常态化监测模式，由于各项指标的评审周期不同，可根据电网企业实际情况，按月度、季度或半年度对指标体系的运转情况进行监测。每次监测时，需要对一级、二级、三级指标逐级进行数据收集及分析，先分析最末端指标的执行情况，再总体分析在不同维度当期指标的完成情况。构建定期反馈沟通机制，每一次监测完成后，根据当期指标的完成情况，若完成情况滞后，与相关部门及责任人沟通记录具体原因，下期监测时重点关注。

第三节　典　型　应　用

本策略适用于省公司本部及地市单位，通过 SWOT 分析制定贴合实际的阶段性发展目标，指导各单位编制年度资产全寿命周期管理计划，梳理资产全寿命周期管理的各项业务流程，有序提升规划设计、采购建设、运维检修和退役处置的管理水平，推动建立严谨适用的配套评价体系。

一、体系构建

强化组织领导，以资产全寿命周期管理领导小组为统领，各二级单位进一步健全工作机制，强化省、地纵向联动，跨部门、跨专业横向协同，提升整体工作效率。充分发挥地市公司资产管理领导小组及其办公室作用，定期听取建设工作情况汇报，督导工作推进情况，协调处理重大问题，督促检查工作推进情况和建设成果，审定对各部门（单位）相关工作的考核评价意见。发挥体系带动力。通过目标制定、监督执行、协同管控等运行机制，确保资产全寿命周期管理融入各部门实际业务。

压实各级责任，各部门各单位进一步健全过程管控协调、工作执行督导等闭环管理机制，统筹推进各项工作有序开展，每季度汇报工作进度。严格执行工作计划，落实省公司考核评价要求，以评价结果为导向，不断完善公司资产全寿命周期管理体系，持续提升设备资产管理水平。

1. 资产全寿命周期管理领导小组

贯彻落实国网公司资产全寿命周期管理及电网资产统一身份编码建设应用各项决策和工作部署，负责统一组织开展省公司资产全寿命周期管理工作，组织审定资产全寿命周期管理制度和标准，审核资产全寿命周期管理提升有关实施方案、工作目标、原则及资产管理策略，定期听取建设工作情况汇报，协调和处理工作中的重大问题，督促检查工作推进情况和建设成果。

2. 资产全寿命周期管理管控小组

负责落实省公司资产全寿命周期管理推进领导小组的决策部署，制定资产全寿命周期管理提升相关方案，研究提出工作目标、计划报领导小组审定并组织落实，制定资产管理策略并推进资产管理优化工作，组织相关工作组明确目标任务和计划，组织开展资产全寿命周期管理体系评价，协调和处理过程中的重要问题；定期组织召开会议，向领导小组汇报工作情况；负责相关宣传和沟通工作；对各工作组（单位）工作绩效提出考核评价意见；完成领导小组交办的其他事项。

3. 体系常态化运行组

负责体系常态化运行指导工作，确保各部门、各单位计划执行到位。分析公司面临的资产经营形势，梳理各业务政策、制度规范，完善资产管理策略，优化指标分解，提高策略应用管理价值，推广资产管理优秀经验，促进共同提升。注重制度建设，结合工作实施情况，修订管理制度标准等，健全专业协同机制，优化管理界面流程，完善技术信息支撑等，保障管控模式高效运转。

4. 资产管理绩效管控组

根据策略更新任务，开展修订工作。负责根据年度管理评审结果，评估资产全寿命周期管理执行充分性和有效性，对资产管理业务提升工作给出调整优化建议，并及时反映到资产管理年度计划中。负责开展监督评价工作，通过绩效评价结果，客观评估体系执行情况，对执行过程中出现的问题实施闭环管理，确保改进措施有效、问题整改到位。负责对各部门、相关单位资产全寿命周期管理体系和绩效指标有效性进行评定，根据省公司资产管理目标不断优化绩效指标，通过绩效评价推动工作落实改进。

二、任务制定

1. 逐级承接工作目标

按照"层层分解、逐级压实"的原则，开展年度工作计划制定。省公司工作计划要全面响应国网公司工作部署，并结合公司现状，展开计划制定。在计划制定过程中，要始终以"管理要素完备、流程协同高效、业绩成效显著"为主线，确保计划工作内容全面、资源配置合理、责任部门到位、完成时间明确。

2. 体系管理运转

体系管理运转以"融入业务、提升效果"为原则，根据业务发展不断完善资产全寿命周期管理体系，不断提升资产全寿命周期管理体系运行效率，有序开展常态化工作。组织编制年度工作方案和计划，指导各单位开展年度工作方案和计划制定，确保各单位有效承接省公司工作计划任务。根据省公司业务发展，不断优化资产全寿命周期管理体系，持续优化公司资产全寿命周期策略文件、工作指导体系文件，评价体系文件、以确保体系高效运转。

3. 计划执行管理

通过领导小组会议、双周例会、定期总结通报和检查等形式，加大对各部门各单位培训宣贯、工作推进力度，加强常态化计划执行跟踪工作，定期督导各单位计划执行情况。

4. 重点课题及专项工作

（1）数据治理。高质量数据是资产全寿命周期管理体系健康运行的基础，持续不断对增量、存量数据开展治理工作，持续保持数据完整、逻辑合理、数据准确。

（2）各环节协同。持续推进基于实物"ID"全业务流程数据贯通、业务贯通，持续推进资产全寿命周期管理在电网规划、采购建设、运维检修、退役报废、综合管理等环节落实，提升各环节协同的整体效能。

（3）实物资产评价。设备是资产管理的主要对象，电网属于资产密集型企业，设备占到总资产 85%以上。定期开展设备评价工作，及时掌握资产类型比例、运龄变化、折旧情况、运行效率等变化，为各环节资产全寿命周期管理提供基础支撑。

（4）项目后评价。统筹周期成本，推进项目后评价全覆盖，完成各类投资项目（包括主网项目、配电网项目、零购项目和技改项目等）后评价。持续完善项目后评价机制，扩大后评价范围，发挥项目后评价体系作用，运用资产全寿命周期管理理念，统筹周期成本，开展计划执行与规划目标之间差异分析，对差距较大者深入分析原因，并将评价成果反馈规划设计前端，为优化规划设计提升支撑。

（5）风险管控。持续开展资产全寿命周期管理风险识别、分析、评价，定期举行风险防控例会，开展省公司、地市级公司、县级公司资产管理体系与资产运行各环节风险防控。资产全寿命周期管理体系所述风险覆盖电网、设备、人身安全风险、信息安全风险与环境风险等方面。定期对风险管理进行总结，总结内容包括：风险监督、风险处置、风险管理。

三、资产管理工作保障措施

强化支撑保障，建立资产管理工作支撑机制。以规划设计、能源经济、项目管理、技术经济、信息管理等专业为基础，统筹电网企业系统专业力量，强化专业支撑，全面聚合规划、设计、技术、经济、评价等专业资源，细化资产全寿命周期管理柔性工作组职责，制定管理组织运行方案，明确年度重点工作任务，建立定期跟踪反馈机制，推动资产管理要求在各环节的落地应用。

1. 信息支撑管理

（1）强化保障机制。按照工作部署，成立以省公司分管领导为组长，各相关部门主要负责人为成员的专项工作组，从数据源头强化统一数据模型设计和应用，推动跨专业基础共性能力共享复用；加快建立横向协同、上下贯通的协作体系，坚决打破业务和数据壁垒，加强企业级需求统筹、技术方案管控、跨专业沟通机制构建，发挥"技术、业务"双牵头作用，形成跨专业工作合力。

（2）强化中台应用。开展老旧数据存量数据向数据中台迁移，推进传统架构系统中台化改造，实现数据源头统一模型设计和应用，共性业务能力和数据服务由中台统一提供，建设架构先进、扩展灵活的应用架构；推动数字技术融入电网生产环节，融入"大经营"体系，建立全过程、全环节、全业务的数字在线监测体系，深化电网资源业务中台应用和价值发挥。

（3）加强数据管理。开展数据管理提升专项工作，识别权威数据源，发布营销和设备专业领域数据共享服务目录，建设公司级数据业务图谱。加强数据认责，重点开展典型数据质量问题源端整治。

2．综合评价管理

根据国网公司评价体系，开展省公司体系执行评价工作，不断加强指标体系与各环节业务融合，促进各环节工作落实。明确评价对象、评价组织、评价重点等内容，综合采用检查、通报、评价等方式加强实施过程管控，相关工作进度与质量纳入公司"资产全寿命周期管理提升工作完成指数"指标。以评价结果为导向，各单位严格执行评价工作计划，落实省公司考核评价要求，持续提升设备资产管理水平。

综合评价管理包括内部审核和管理评审。按照体系规范要求，每年开展省公司本部与各级单位内部审核和管理评审。通过定期内部审核和管理评审不断完善公司资产全寿命周期管理体系，提升管理体系运行效率。定期（按月度或季度）对资产全寿命周期管理工作执行情况、工作质量、阶段成果进行总结。反映体系运行过程中存在的问题、难点及改进措施；每年年终完成资产全寿命周期评价分析总结。

（1）绩效分级策略。执行国网公司"三位一体"评价办法，接受国网公司日常评价、专项评价和监督评价。参考国网公司"三位一体"体系运行效果，省公司对各单位按成熟度划分为 5 个等级，从低到高依次为萌芽型、成长型、成熟型、领先型、卓越型。其中，成熟型分为 3 个级别，即达标级、良好级、优秀级；领先型分为 2 个级别，即区域级、公司级。各成熟等级特征如下。

1）萌芽型。组织处于无序管理状态，具体表现为：组织的制度标准有严重缺失，相关管理职责不明确，流程不畅通；未制定资产管理目标或目标未实现；管理记录零散、不完整；大部分人员不了解体系要求。

2）成长型。组织处于体系建设状态，具体表现为：组织的制度标准体系初步搭建，部分管理职责不明确，部分流程不畅通；资产管理目标未完全承接总体目标或部分目标未实现；部分管理记录零散、不完整；部分人员不了解体系要求。

3）成熟型。组织处于体系实施状态，具体表现为：组织建立了制度标准体系，管理职责基本明确，流程基本畅通；资产管理目标承接总体目标且大部分目标实现；管理记录较为系统、但不够完整；大部分人员了解体系要求；持续改进效果不明显。

4）领先型。组织处于持续改进状态，具体表现为：组织建立了制度标准体系并不断完善更新，管理职责明确、流程畅通；资产管理目标承接总体目标并实现；管理记录系统、完整；大部分人员参与体系活动；持续改进效果明显。

5）卓越型。组织处于绩效卓越状态，具体表现为：组织建立了完整、系统的制度标准体系并不断完善更新，管理职责明确、流程畅通，根据变化及时调整；资产管理目标承接总体目标，且绩效卓越；管理记录系统、完整；全员参与体系活动，为体系贡献绩效；持续改进效果显著。

成熟度分级表见表4-3。

表 4-3　　　　　　　　　　　　　　成熟度分级表

序号	类别	级别	得分（满分 100 分）	
			综合	单项最低分
1	卓越	卓越型	90 分以上	85 分
2	领先	地市公司级领先	80～89 分	80 分
3		区域级领先		75 分
4	成熟	优秀级	65～79 分	70 分
5		良好级		60 分
6		达标级		40 分
7	成长	成长级	30～65 分	25 分
8	萌芽	萌芽级	小于 30 分	

（2）绩效评价内容。根据专业管理制度，以设备资产管理为主线，从故障管理、缺陷管理、调拨管理、退役管理、设备新增管理、供应商评价管理等方面开展监测，验证专业管理过程的规范性和协同效果。依托 PMS、ERP 等专业管理系统，从安全、效能、成本三个方面分别展开，关注指标完成情况及发展趋势，并对异常指标进行跟踪。

图 4-3　绩效评价分层图

（3）绩效评价标准。绩效评价分层如图4-3所示。

绩效评价标准，将按照体系目标层、管理层、工作层建立目标评价、管理评价、工作评价，根据评价体系需要建立三级指标体系。指标分级表见表4-4。

表 4-4　　　　　　　　　　　　　　指标分级表

序号	评价对象	指标级别
1	目标评价	一级指标
2	管理评价	二级指标
3	工作评价	三级指标

（4）绩效评价总结。根据评价结果编制评价总结，总结内容包括：评价周期、评价内

容、评价结果、评价发现的问题。依据绩效评价报告将对 SAMP、资产管理目标和计划、资源配置、决策准则和过程控制调整和优化，针对问题建立人员培训以及体系完善修订工作。

3. 问题改进管理

围绕专项检查、资产管理审核、日常管理自查等工作，结合资产管理绩效监测和数据分析的结果和趋势判断结果，对不符合项及潜在不符合项进行协同综合分析，通过及时开展问题分析，提高发现问题、解决问题的实效性。对发现的问题及潜在的问题进行纠正、预防和改进，提升资产全寿命周期管理水平。

（1）纠正措施。根据不符合项原因分析结果，制定实施措施。措施制定过程中，考虑问题严重性以及实施措施技术可行性和经济合理性，平衡风险和成本。责任部门/单位开展措施实施并跟踪实施结果，动态调整措施计划，确保问题可闭环解决。

（2）预防措施。预防措施是指致力于消除引发潜在不符合项行为或其他不希望发生情况的措施。在制定纠正和预防措施时需明确措施内容，包括职责、进度、资源配置、沟通等要求，确保措施可操作。

（3）持续改进。资产管理活动开展持续改进，通过识别改进点、制定改进措施、实施和评估措施等过程，确保资产管理体系运转的有效性。

1）应用新技术、新方法，开展资产管理持续改进工作，制定改进措施列表，根据重要程度排定优先级，编制改进项目计划，持续改进工作由资产全寿命周期管理办公室统一管理。

2）按照持续改进项目计划实施改进措施，并编写持续改进项目总结报告。

3）对持续改进项目完成效果进行评价，编写效果评估报告。对于改进效果达到"标杆"的项目，由相关部门或单位总结典型经验，并进行固化推广。

4）年底，应根据管理评审和资产全寿命周期管理体系监督评价结果，积极运用资产全寿命周期管理典型经验、管理创新及科技创新成果，组织实施持续改进，提升资产全寿命周期管理水平。

4. 人员基础保障

持续开展资产全寿命周期专业培训，包括线上管理培训、专题培训等多种形式，全面推动资产全寿命周期管理核心价值理念落地。开展资产全寿命周期管理人才建设培育工作，利用集中培训、课题研究、专题试点、制度标准制定完善等手段，以典型先行、试点突破、以点带面的方式，推进复合型人才培养；建立省、地市两级资产全寿命周期管理专家库，依托专家推进整体管理水平提升。建立外包业务管控机制，有序推进非核心业务外包。优化供应商服务评价体系，制定外包队伍考核评价标准，推进评价结果在招标环节应用，建立外包队伍准入制度，培育核心外包队伍，提升外包队伍能力，加强外包队伍入网作业全过程管控，保证项目实施安全、进度和质量。

第四节　实施成效

明确规划计划、物资采购、工程建设、运维检修、退役处置、综合管理等业务环节的工作重点，构建资产管理策略整体框架，推动资产管理策略落地实施，优化绩效指标分解，构建常态化指标监测及管控机制，有序推进资产全寿命周期管理各项工作落地。推动资产全寿命周期管理体系的建设与改进，促进各专业协同，助力资产在全寿命周期内安全、效能、成本综合最优地实现。

（1）进一步明确资产全寿命周期管理地位，通过交流研讨、试点推进等方式深入明确管理规定，提升资产管理认识及重视程度，加大数字化管理支撑平台建设应用力度，加大专业间横向协同能力评价力度。明确资产策略在电网企业中心工作中的定位，加强策略编制及指标设置的指导。明确绩效指标纳入企业负责人、同业对标中，制定公司级考核制度，推进策略指标的实际应用。"双碳"、新型电力系统驱动资产管理策略变革，在兼顾安全、效能、成本的基础上，融入绿色低碳理念，构建绿色低碳的资产管理平台，为实现"双碳"目标提供有效支撑。统筹规划计划、物资采购、工程建设、运维检修、退役处置等业务环节策略的指导性，优化各环节的管理目标和经营任务，促进生产经营效益提升与低碳转型，最终实现企业的高质量可持续发展。

（2）明确各环节策略，按照"策略指导未来"的思路，各专业结合实际开展修订。在规划环节，从"十四五"发展规划角度，明确电网规划、项目立项、投资计划、项目后评估提升目标。在物资采购环节，结合地域特色，制定仓储配送和应急物资管理提升目标，结合设备质量现状，规划质量监督和供应商评价提升目标。在建设环节，结合实物"ID"建设成果，重点提升数据在本环节的贯通和投运转资。在运维检修环节，结合"十四五"技改大修规划，着力提升电网本质安全，强化推进设备管理机制变革，抓好备品备件工作。在退役处置环节，多部门协同，严控技术鉴定，提升退役再利用效率，合理分摊废旧物资处置收益，抓好全寿命周期管理最后一环。在综合管理环节，夯实运维成本分摊，维护运维成本标准库，深入开展数据中台在资产管理各环节应用，深化应用实物"ID"建设成果，推进数据贯通。

第五章　电网实物资产分析评价实践

第一节　概　　述

一、项目背景

电网企业是资产密集、技术密集型企业，拥有数量庞大、种类繁多的电网实物设备，主要包括输电线路、变电设备、配电线路及设备、通信线路及设备、自动化控制设备及仪器仪表、生产管理用工器具、运输设备、辅助生产设备及器具、房屋、建筑物十大类资产。随着电力体制改革的逐步深入，加强和提升电网实物资产管理水平是实现电网科学有序规划发展、保障电网安全运行和提升资产利用效率的重要手段，亟需实现由传统只注重技术属性的"设备管理"到综合考虑价值和技术效益的"实物资产管理"。

二、发展历程

2014 年，《电网实物资产评价指标体系及方法》课题通过分析公司资产经营的内外部环境，建立了实物资产评价指标体系，并探讨了实物资产评价的方法。国网湖北电力作为试点单位参与该项目，完成了首份实物资产评价报告。

2015 年，国网湖北电力采取"线下方式"开展了省级实物资产分析评价并完成关键问题梳理。基于电网实物资产评价指标体系，围绕规模结构、健康水平、利用效率、退役报废、经济寿命等分析主题，开展数据质量问题分析，挖掘了资产管理深层次问题，为建立实物资产业务提升体系奠定了坚实基础。

2016～2017 年，国网湖北电力着力建设电网实物资产分析评价系统（信息平台），持续开展系统完善和深化应用工作。从实物资产分析评价基础数据的定期自动抽取和统计、分析主题的报表自动输出和图形展示以及系统的推广应用，为公司资产全寿命周期体系建设提供支撑等三个方面初步实现电网实物资产分析评价结果的应用和闭环管理。

2018 年，国网湖北电力持续深化实物资产分析评价工作，根据国网公司"运检能力·三年登高活动实施方案"，完成了实物资产基础源数据定期采集分析、基础数据质量管控、实物资产分析评价维度（地市对比、多年份对比等）扩展等三方面工作。

2019 年，国网湖北电力立足"三个转变"，深化实物资产分析评价工作：一是以"投入—产出"为导向，深化分析评价内容；二是开展多维数据校验整改，异常数据追溯，保障资产评价数据真实可靠；三是创新资产评价应用场景，强化资产管理业务支撑。

2020 年，国网湖北电力结合近六年实物资产分析评价数据治理工作经验，从数据质量问题分析、异常数据特征分析及定位、数据自动化修复出发，逐步推进研究工作，建立了电网实物资产自动化数据治理体系，保证了实物资产分析评价的结果的准确性。

2021 年，国网湖北电力实现实物资产评价方法及评价成果向地市公司层级的拓展，完成资产评价由"分析评价"向"应用评价"的转变。强化了发展投入、成本、安全、质量、效率、效益六个维度之间的关联分析，为规划设计、工程建设、物资采购等前端管理提供优质的决策支持。

2022 年，国网湖北电力参与《电网实物资产分析评价内容深度规定》企业标准制定，进一步明确了电网实物资产分析评价涉及的资产管理内外部环境、资产基本情况、绩效评价指标，明确了数据统计、指标计算、分析评价的内容和深度要求，进一步规范实物资产分析评价工作流程，为省级电力公司及地市级供电公司开展电网实物资产分析评价工作提供了参考依据，保证实物资产分析评价工作质量。

国网湖北电力构建了电网实物资产分析评价数据校核工具，完成国网总部、分部、省公司、互联网集团实物资产分析评价数据校核，"一键式"发现各类问题数据，推进数据报表迭代完善，提升基础数据统计表质量，极大提高了电网实物资产分析评价工作效率。开发了实物资产分析评价系统，实现资产信息实时抓取、分析报表（图形）按需展现、各层级分析报告自动生成，促进了实物资产分析评价工作更高效、更规范，为资产管理决策提供强力支撑。

三、目的与意义

电网实物资产分析评价是通过统计分析资产规模结构数据，总结电网实物资产基本特点，从资产利用效率与配置适宜性、设备健康水平与安全性、设施可靠性与供电质量、资产成本与运营效益等维度，分析电网实物资产发展规律与主要矛盾，评价资产管理水平和成效，并结合资产管理内外部环境，提出资产配置、维护、检修、更新等方面的策略建议，提升企业资产管理水平。

以电网实物资产分析评价为工具，以建设信息化管控平台为保障，落实各级各部门管理职责，规范管理流程，完善分析评价体系。通过夯实运检基础，强化设备本质安全，建立各部门和各专业间交互贯通的协同管理机制，切实提高电网实物资产精益化运维管理能力，为电网规划、工程设计、物资采购、工程建设、设备运维检修、技改大修、退役报废等环节管理工作提供支撑，提升设备效能。

通过持续开展电网实物资产年度滚动评价分析，针对资产管理中的核心问题，对电网实物资产结构规模、健康水平、利用效率、退役报废等维度开展分析，通过"资产墙"、单体设备经济寿命测算等手段，预测电网实物资产状况对电网企业未来运维、技改的资金、规模压力，提出科学有效的电网资产投资与运维管理策略。

四、问题与形势

近年来实物资产资产规模持续增加，多维度开展实物资产分析评价显得尤为重要，当前实物资产分析评价主要面临以下难点：

（1）实物资产分析评价基础数据质量不高。实物资产分析评价数据来源于 PMS、ERP、供电可靠性等十余个系统，各类资产数据规模近 2 亿条。由于数据标准不一致、数据维护不及时，存在数据缺失、分类错误、数值不合理等问题，异常数据占比达 2‰，影响实物资产分析评价准确性。

（2）电网实物资产"资产墙"风险较大。近年来，湖北电网资产成新率逐年下降，在运资产平均年龄逐年升高，老旧设备规模及占比逐年加大。生产技改投资与存量资产规模、资产增速不匹配，难以满足设备更新换代需求，逾龄及老旧资产规模持续增长，电网老旧"资产墙"风险持续加大。

第二节 方 法 介 绍

一、自动化数据治理方法

实物资产分析评价工作依赖于多个信息系统所提供的数据，通过对数据进行汇总统计，分析电网的规模结构与投入产出效益各项指标。因此，实物资产分析评价工作的整体效果取决于各业务系统数据现状。表 5-1 通过对各业务系统的特性和关键指标进行描述，说明各系统数据的现状。

表 5-1   系统数据现状表

系统名称	系统类型	数据生产方式	数据维护单位	数据粒度	数据量
ERP	管理系统	人工维护、系统间推送	财务部、基建部、设备部、基层单位	建设至报废期、时间粒度不完整	600 万条
PMS	管理系统	人工维护	设备部、基层单位	建设及运行期、时间粒度不完整	1200 万条
TMS	管理系统	人工维护	信通公司	运行期、无时间概念	3 万条
营销系统	事务系统	自动采集	营销部	日数据	1 万条
调控系统	事务系统	自动采集	调控中心	日数据	700 万条
可靠性系统	分析型系统	自动采集	调控中心	日数据	35 万条
电能质量在线监测系统	分析型系统	自动采集	调控中心	月数据	12 万条

（1）ERP 系统：该系统主要汇集了实物资产规模、项目、成本数据。资产规模数据包括资产原值、净值和数量；项目数据包括资产新增、报废退役时的项目信息；成本数据主要包括运维成本、大修抢修费用、报废处置成本等。

（2）PMS 系统：该系统主要汇集了输电、变电、配电、自动化、仪器仪表类的实物资产设备台账和运行数据。设备台账记录了资产的物理位置、技术型号细节、投运时间、再利用情况等；运行数据包括运行状态、健康状态和缺陷记录。

（3）TMS 系统：该系统主要汇集了通信与智能化设备资产数据。

（4）营销系统：该系统提供了各级电力公司的售电量数据。

（5）调控系统：该系统提供了主网变压器的运行负载率信息。

（6）供电可靠性系统：该系统提供了四类主要输电设备的强迫停运数据。

（7）电能质量在线监测系统：该系统提供了电能质量数据，包括电压合格率等指标。

由于基础数据受到系统设计不健全、人工管理不规范等因素影响，基础数据存在大量的数据质量问题。国网湖北电力利用大数据技术，对问题数据进行异常定位，并进行自动化修复。自动化数据治理方法如图 5-1 所示。

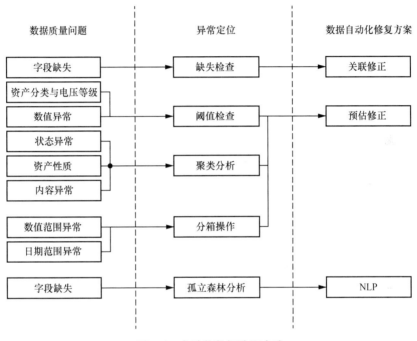

图 5-1　自动化数据治理方法

1. 缺失检查

缺失检查是预先定义各类必填字段信息，通过遍历业务系统数据库，对存在缺失的资产记录进行提示。所有设备和特定设备缺失字段检查分别见表 5-2 和表 5-3。

表 5-2　　　　　　　　　　　　所有设备缺失字段检查

设备类型	ERP 必填字段	PMS 必填字段
所有设备	资产编码	资产编码
	设备编码	设备编码
	设备名称	设备名称
	资产性质	资产性质
	利润中心名称	运行状态
	投运日期	投运日期
	资产原值	单位明细

设备类型	ERP 必填字段	PMS 必填字段
所有设备	资产类型编码	资产类型编码
	健康状态	健康状态
	转资日期	出厂日期
	运行状态	
	资产净值	

表 5-3　　　　　　　　　　　　特定设备缺失字段检查

设备类型	来源	特殊字段
变压器	D5000	电压等级
	ERP	变压器容量
	PMS	所属变电站
线路类	PMS ERP	线路长度
		线路性质
		电压等级

2. 阈值检查

阈值检查是通过设定各类设备的上限值和下限值，标识不满足阈值的资产。例如存在资产原值超出合理范围，可通过以下两种方法筛查异常值：

（1）根据专家经验判定阈值。结合各专业专家经验，给不同电压等级不同类型设备的资产原值设定上下限阈值，然后通过这个阈值来判定资产原值是否异常。

（2）利用箱线图法确定上下边缘值。根据资产原值数据画箱线图，判定大于上边缘值或小于下边缘值的数据为离群点，即为异常值。

3. 聚类分析

由于 PMS 中设备数据多，分析海量数据存量存在难度。针对当前 PMS 基础数据中存在的数据质量问题，需要从总体把握的原则出发，采取合适的方法进行异常数据监测与挖掘。通过使用数值型聚类算法与加权快速聚类的算法，可快速挖掘电网实物资产分析评价工作中所使用原始电网资产设备台账中的异常数据。

4. 关联修正

通过多系统关联，将 PMS 与 ERP 数据进行关联，利用关联系统数据修复当前系统的异常数据。

（1）PMS 出厂日期修正。当 PMS 出厂日期为空时，要用设备编码关联 ERP，将 ERP 转资日期同步到 PMS 出厂日期为空的设备上。如果无法匹配，则用 PMS 的投运日期填充出厂日期。PMS 出厂日期检查如图 5-2 所示。

（2）资产价值数量不匹配的修改。由于资产价值从 ERP 系统中获取，数量与技术规模从 PMS 系统中获取，如抽取的 2020 年度 PMS 系统原始数据共 2750109 条，ERP 数据共计 1376477 条，有许多资产没有对应价值量，如果单统计价值与数量对应上的资产，这就导致很多资产被过滤掉了。因此，需要按资产转资年份分布对价值与数量进行修补，使得每个年份的价值与数量都能对应，即有价值必有数量。

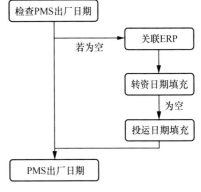

图 5-2　PMS 出厂日期检查示意图

（3）电压等级对比。将 ERP 系统原始数据中电压等级编码字段与电压等级维度表进行关联匹配，与从设备名称字段中提取的电压等级进行对比，若两种方式所获取的电压等级一样，可以确定该设备电压等级；若所确定的电压等级不一样，则用聚类分析所得电压等级进行进一步比对。

（4）资产类型对比。将 ERP 系统原始数据中资产类型编码字段与资产类型维度表进行关联匹配，与从设备名称字段中提取的资产类型进行对比，若两种方式所获取的资产类型为同一类型，则可以确定该设备资产类型；若所确定的资产类型不同，则用聚类分析所得资产类型进行进一步比对。资产类型对比修正如图 5-3 所示。

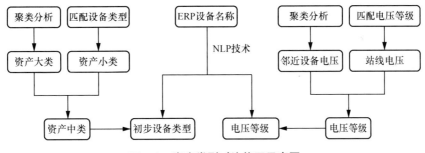

图 5-3　资产类型对比修正示意图

二、构建实物资产分析评价指标体系

基于资产全寿命周期管理，构建电网实物资产评价分析工作一览图如图 5-4 所示。通过开展电网实物资产评价，一方面为生产经营的中长期规划提供基础信息，为资产管理的持续深化奠定基础，提高资产的利用效率和资产贡献；另一方面为健康运营提供科学管理的策略，优化电网各类设备资产配置。

电网实物资产评价分析内容分为资产规模结构、资产健康水平、资产利用效率、资产退役报废分析和资产经济寿命分析五个部分。指标体系是建立在以评价维度为主线的基础之上，是对评价维度的深化与丰富。基于"三集五大"（人力资源、财务、物资集约化管理；大规划、大建设、大运行、大检修、大营销）体系建设成果，针对评价的四大维度搭建的实物资产分析评价指标体系如图 5-5 所示。

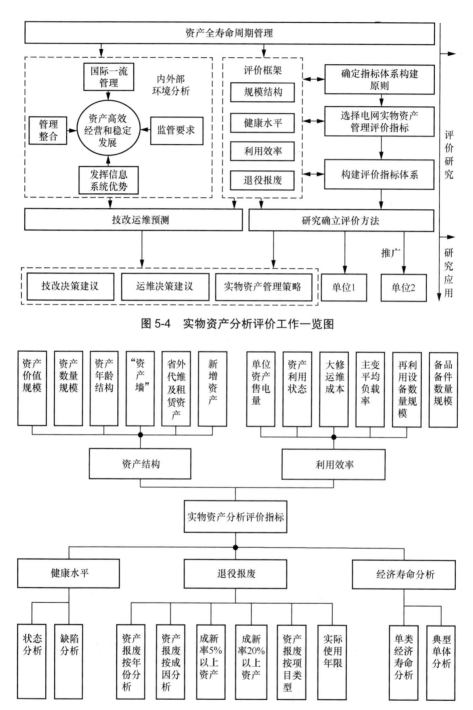

图 5-4 实物资产分析评价工作一览图

图 5-5 实物资产分析评价指标体系

该指标体系基于全寿命周期成本的思想构建，考虑了资产从采购转资到报废各个环节的关键因素。

（1）资产结构，是指对电网实物资产的存量、增量从价值规模和技术规模口径进行分析，能够反映企业拥有资产的数量和质量。

（2）利用效率，是指对电网实物其处于运行阶段实物资产的运行效率进行分析。通过对利用效率分析，可以了解资产整体利用状况及单体运行效率，为资产配置优化和提升效率提供数据支撑。

（3）健康水平，是指对电网实物资产的缺陷以及强迫停运情况进行分析。

（4）退役报废，是指对电网实物资产中退役报废资产的价值规模水平、处置情况以及成因进行分析。

三、确立分析维度及分析内容

1. 资产规模结构分析

资产规模结构分析的内容主要包括电网各类资产数量、技术、价值规模分布等。资产规模结构包括资产价值规模结构，登记单位的数量规模结构以及年龄结构，从资产的价值结构和技术结构出发，分析现有资产规模、年龄结构以及"资产墙"现状，以摸清家底，掌握存量资产的价值及数量规模情况，并掌握各类资产的年龄结构状况，分析带来各种变化的原因，为未来技改、大修年度投入预测提供依据。

应用"资产墙"理论，在对资产结构进行分析的基础上，对设备的投运趋势进行数据分析，对未来的技改支出资金规模进行预测，对可能存在的资金缺口提前规划，有助于防范财务风险，以提升供电可靠性水平和客户服务水平。

资产规模结构分析维度的统计内容可分为资产规模结构、资产年龄结构、逾龄资产、省外代维资产及租赁资产、用户资产、新增资产等，共设计搜集表 11 张，主要从以下几个方面展开分析：

（1）价值、数量规模分析（包含新增资产）；

（2）年龄结构分析；

（3）逾龄资产分析；

（4）"资产墙"分析；

（5）省外代维资产及租赁资产分析；

（6）用户资产分析。

2. 资产管理绩效分析

资产管理绩效评价主要从质量、效率、成本三个维度展开。通过综合评价资产的整体管理水平，可有效提高企业经济效益，运营水平提供支撑。

（1）质量维度。质量良好是电网实物资产持续保持生产服务能力的基础，对电网的安全稳定运行产生直接影响。针对电网资产开展故障分析、缺陷分析、状态分析、设备可靠性分析和强迫停运率分析，掌握资产质量水平，为设备的技改，大修，运维提供决策依据；判断设备发生缺陷及强迫停运的根源，为全过程技术监督、检修运维策略制定提供依据。

根据分析需要，本部分将分别从设备故障、强迫停运、设备缺陷状况、运行状况和维护状况等相关角度设计数据搜集表，共设计搜集表 8 张，主要从以下几个方面展开分析：

1）设备故障率分析；

2）强迫停运率分析；

3）供电可靠性分析；

4）设备缺陷率分析；

5）正常状态占比分析。

（2）效率维度。资产效率能够反映企业资产的周转运行能力，高质量的资产管理必定体现为平衡、高效的资产营运能力。资产效率分析是了解电网企业现有系统中的实物资产是否投入运行并发挥效益的重要手段。因此，用资产维度的有效、无效、低效使用状态，以及变压器维度的负载率、报废资产情况等来分析资产的利用效率。

一方面，通过分析资产效率状况，对电网企业无效、低效资产的情况进行细化分析，为探索提高资产有效性的途径和提升资产管理奠定基础；另一方面，对最高负载率、平均负载率、配电自动化覆盖率、报废资产成新率等进行分析，也可为电网规划，设备运维以及电网的经济性评价提供参考。

根据分析需要，本部分将分别从资产利用状态的价值及数量、主变负载情况、配电网自动化覆盖、报废资产成因等几个角度设计数据搜集表，共设计搜集表 13 张，主要从以下几个方面展开分析：

1）单位资产售电量分析；

2）单位电网投资新增售电量分析；

3）资产在运率分析；

4）主变年均负载率分析；

5）配电自动化覆盖率分析；

6）备品备件周转率分析；

7）报废资产成新率分析；

8）报废资产净值占比分析；

9）报废资产平均寿命分析。

（3）成本维度。成本分析是掌握电网企业实物资产成本投入的手段。统计电网安全稳定运行所需要的建设、技改、大修等资本投入，以及折旧、损耗带来的成本；通过年份纵向对比，分析电网企业历史成本变化趋势，对其进行原因分析，并根据原因与设备资产及其管理间的关联关系，提出资产管理方面的决策建议。

根据分析需要，本部分将分别从新增容量、大修运维、输配电、折旧等几个方面的成本设计数据搜集表，共设计搜集表 4 张，主要从以下几个方面展开分析：

1）单位新增容量成本；

2）单位资产运维成本；

3）单位电量输配电成本；

4）折旧成本。

四、实物资产分析评价工具

1. 资产快照

确定评价数据与 ERP、PMS、网上电网等业务系统基础数据的映射关系，通过 ETL（数据抽取）、DW（数据仓库）等大数据工具对相关业务系统数据自动进行抽取、转换与融合应用，提取实物资产元数据表 25 张，实现了基础数据自动获取和定期存储。资产快照功能如图 5-6 所示。

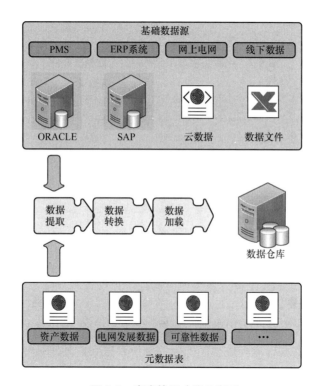

图 5-6　资产快照功能示意图

2. 基础数据校核工具

制定电网实物资产数据关联检查规则 7 类 342 条，利用阈值设定与四分位统计法，判断价值、容量、年龄的异常数据，并组织整改，形成"基础数据检查、统计数据预警、异常数据推送、整改再检查"的基础数据治理方法。电网实物资产分析评价数据校核程序如图 5-7 所示。

3. 实物资产分析评价视图

利用商业智能引擎技术，定义 105 项评价指标的计算逻辑，开发图形化报表，实现实物资产评价趋势分析、图谱化分析及关联分析。

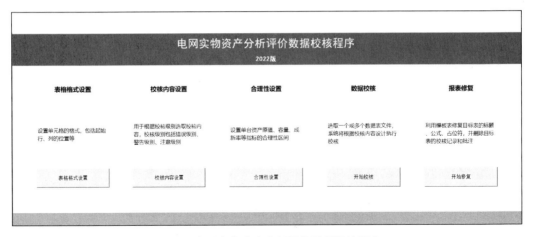

图 5-7　电网实物资产分析评价数据校核程序

第三节　典　型　应　用

以"适应输配电价改革、服务经营发展战略、提升资产运营效益"为目标，制定资产管理优化专项实施工作方案，推进实物资产分析评价应用。

一、投入产出分析

对成本与资产、成本与安全、成本与效率、成本与效益四个关联维度开展分析，根据分析结果将地市单位分为问题区、关注区、对标区、稳健区，总结设备管理主要效率特征，提出成本资源投入建议。

二、地区差异性关联分析

综合分析各地市公司资产利用效率与配置适宜性、设备健康水平与安全性、设施可靠性与供电质量、资产成本与运营效益，挖掘各单位管理亮点及管理短板，定位标杆单位与问题单位。资产管理绩效画像如图 5-8 所示。

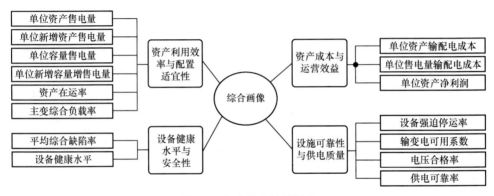

图 5-8　资产管理绩效画像

三、优化"资产墙"

分析不同电压等级下的设备报废役龄，构建设备使用年限与报废概率函数关系，采用威布尔概率方法完善"资产墙"预测模型，测算未来输变配三类设备报废规模。输电线路2022～2041年技改规模预测如图 5-9 所示。

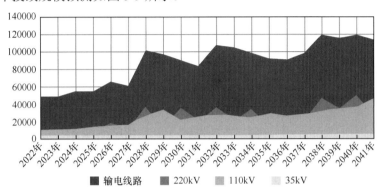

图 5-9　输电线路 2022～2041 年技改规模预测

四、技改投资方式效益评估

综合考虑折旧、运维检修成本、有效资产核定要求等因素构建投资效益模型，测算分步技改和一次改造投资方式在最长可延长年限内对输配电成本影响对电价形成的影响，测算技改可延长资产折旧年限，保障资产长期纳入成本监审。

五、老旧资产技改投资需求预测

基于"资产墙"规模测算，统筹考虑局部技改与整站整线综合改造模式，预测输变配三类设备中长期技改投资需求，提出投资分配建议，合理应对"资产墙"风险。

第四节　实　施　成　效

一、显著提升分析评价效率

通过电网实物资产分析评价数据校核程序，实物资产基础数据校验平均时长由 10 个工作日缩短至 3 个工作日，"一键式"发现问题数据 2 万余条，推进数据报表迭代完善，提升基础数据统计表质量，极大提高了电网实物资产分析评价工作效率。

二、科学辅助电网投资决策

1. 精准预测老旧资产改造需求

通过"资产墙"模型预测未来老旧设备规模及风险，提高了设备技改规模预测方法的精准度，能够实现对电网设备改造投资风险的准确识别，科学辅助技改投资规划，提升电网精益管理水平。

2. 科学制定老旧资产改造策略

通过专项开展老旧设备评估分析工作，结合主要电网设备风险分析，制定老旧设备状态评估细则，明确老旧设备改造原则及优先级策略，形成《老旧设备评估分析及改造》报告，推进"资产墙"风险合理化解，助力实现"两个平衡"（输配电价合理与电网可持续发展的平衡、资产运行效率与电网设备风险的平衡），实现"四个更"（资产更优质、设备更健康、电网更安全、供电更可靠）的目标。

三、促进资产管理绩效提升

通过深化资产管理绩效分析与评价，对资产管理进行全面优化、系统管理、科学监控，作为资产效能主要指标的供电可靠性得到显著提升，近五年用户平均停电时间累计下降21.93%。

第五节　建　议

一、提升分析评价应用智能化水平

开展多层级电网实物资产分析评价，依托电网实物资产分析评价工具，优化数据校验规则，持续开展基础数据治理，持续推进资产数据信息流和实物流的统一，确保账卡物一致性达99%以上。建立指标自动量化评级方案，结合资产全寿命周期绩效指标要求，定期获取规划计划、物资采购、工程建设、运维检修、退役处置等环节指标数据，自动评价资产管理综合绩效，提出资产管理策略优化建议，提出绩效提升措施，保持资产绩效指标卓越。

二、强化资产管理决策数据支撑

深化实物资产分析评价，准确掌握实物资产基础数据，强化分析评价结果应用。建立高效的资产管理绩效评价体系，优化资产管理决策流程，提高决策数据的全面性和准确性，为资产管理决策提供有力数据支撑。构建基于量化分析的资产精益化决策模型，挖掘海量数据资源价值，以数据驱动资产管理变革和转型升级，提高企业经营运作效率。

三、加大"资产墙"风险管控力度

迭代完善"资产墙"预测模型，综合设备经济寿命、技术寿命、实际寿命、剩余寿命等分析视角，考虑技改造价水平、设备健康状态等因素，持续推进中长期老旧资产技改需求预测，为技改规划、投资决策提供参考。专项推动老旧设备改造工作，成立以设备管理部为主体，经研院、电科院配合的专项团队，遵循"一部、两院、多专业，统筹考虑"的基本思路，从地区电网设备运行实际情况出发，结合老旧设备在电网中的重要程度，统筹考虑改造实施承载力，滚动完善老旧设备改造方案，利用三年时间有重点、有计划、有步骤改造影响电网安全可靠运行的老旧设备，有效控制逾龄资产规模。

四、提升设备综合管理工作质效

细化电网实物资产评价维度，摸清各类资产规模结构，开展设备折旧政策技术性评估，研究逾龄资产投资延寿措施，推动资产精益化管理，试点开展基于全寿命周期成本的物资招标采购工作。强化电网设备运检业务与多维精益管理数据融合，持续推进全寿命周期成本业财融合，细化管理维度，提高成本管理能力。落实资产管理策略，以提升设备管理质量为目标，推动资产全寿命周期管理委员会明确"投入精准、质量提升、风险受控、绩效突出、体系完善"的资产管理政策，制定电网规划、投资管理、物资采购供应、工程建设、运维检修、退役报废等业务策略，并保证各项业务策略方向一致，相互协调，汇总形成资产全寿命周期管理策略。

第六章　生产成本精益管理实践

第一节　概　　述

一、工作背景

1. 适应电力体制改革的必然要求

随着电力体制改革的纵深推进，财政部颁布了《企业产品成本核算制度—电网经营行业》，自2019年1月1日起执行，要求电网企业划小成本核算单元，按期披露投资、运行、成本和电价执行等方面信息。当前，输配电价成本监审已进入第四监管周期，对电网企业设备资产管理业财协同、成本管控提出更高要求，电网企业当前的生产成本管理模式已无法适应和满足新形势下政府监督监管要求。

2. 落实多维精益管理体系变革的迫切需要

国网公司自2018年启动多维精益管理体系变革工作，经过两年的不懈努力，以数字化转型为特征的多维精益管理体系初步建成，进入全面应用和优化提升阶段，下一步要以价值创造为目标，加快推进多维精益管理体系全面应用，围绕"四个一"（每一个员工、每一台设备、每一类客户、每一项工作）积极推进价值管理扩展延伸，促进业财融合创新，强化价值开发与创造。

3. 满足资产全寿命周期管理的需求

资产全寿命周期管理包括对设备的规划、设计、建造、购置、运行、维护、更新、改造，直至报废的全过程管理，其核心内容是对设备的全寿命周期成本最优分析及决策。资产全寿命周期成本管理的基本涵义是在满足可靠性要求的基础上，使设备或系统在全寿命周期内拥有成本为最低的管理。生产成本精益管理的目标和理念与资产全寿命周期成本管理殊途同归、相辅相成，二者可以很好地结合，促进电网企业资产精益管理水平的不断提升。

4. 实现企业提质增效管理的必由之路

近年来，宏观经济持续下行、能源转型加速、改革持续深化，成本监审日趋严格、电网企业盈利空间收窄、经营压力持续增加。为响应经营改革发展和降低企业用能成本新部署，推进设备精益化管理，亟须转变成本管理模式，细化成本管理颗粒度，搭建业财融合与协同管理桥梁，实现资产全寿命周期成本精细化管理，为强化电网企业成本管控和实现提质增效目标要求奠定基础。

二、发展历程

1. "每一台设备"奠定坚实业务基础

2018 年 8 月，全面启动实施多维精益管理体系变革；2019 年 1 月，试点实现电网核心业务信息链路贯通；2019 年 5 月，国网公司提出"每一台设备、每一位客户、每一名员工和每一个项目"的划小经营单元的精益运营管理理念；自 2019 年 7 月起，启动"每一台设备"价值精益管理研究，实现变电 14 类一次设备、配电台区范围内检修运维成本向"每一台设备"自动精准归集；2020 年 1 月，完成全业务会计科目切换，以数字化运营为特征的多维精益管理体系初步建成；2020 年 4 月，设备部、财务部联合承担的国网公司"每一台设备"价值精益管理的研究结果成为国网推广三种模式之一。

2. 生产成本精益管理建设积极推进

2020 年 8 月，国网湖北电力首次提出"组织层、站线层、设备层"成本量化管理方案，主要思路被国网采纳。2021 年，试点开展组织层、站线层、设备层成本精益管理；2022 年，持续推进全省业财链路贯通应用，有序开展组织层、站线层生产成本量化分析，积极推进生产成本量化分析平台建设工作。

三、目的与意义

1. 促进运检资源精准投入

结合设备状态、运维模式、人员结构、地区差异等因素，持续推进电网企业生产作业成本标准差异化应用，掌握保障电网设备安全运行的生产成本底数，促进生产成本合理化配置，提高成本投入产出效率效益，提升资产运营绩效和设备运检质效，支撑电网企业发展战略落地。

2. 支撑数字化转型

融合多维精益管理体系变革建设成果，依托业务和数据中台，推动价值数据在业务源头深度融合、全程共享，支撑电网企业数据化洞察分析需要，为电网企业整体数字化转型打下坚实基础。

3. 推动资产全寿命周期管理策略落地应用

推进电网生产运营作业成本标准落地应用，打通标准成本与运检作业的映射关系，实现运检作业标准化、规范化。推动全寿命周期成本在设备全寿命周期各环节的规范应用，将设备实物与价值管理合二为一，为现代设备管理体系建设赋能赋智。

4. 服务输配电价成本监审

优化完善业务和成本管控流程，理清生产成本来源与去向，揭示生产成本支出的必要性、合理性、相关性，为判断电网企业运行成本的真实性和合理性提供参考依据，有助于适应输配电价成本监审要求，争取合理输配电价，确保投入成本得到足额回收。

第二节 方 法 介 绍

一、标准成本建立方法

1. 标准成本构成

遵循"产出消耗作业、作业消耗资源"的原则，按照资源动因将资源费用追溯或分配至各项作业，并结合各地市单位的调节系数计算出作业标准成本；按照"作业→项目→设备→资产"自下而上逐层汇总，将电网企业各类作业成本标准归集至各典型成本对象（资产），进而计算得出本单位基于作业的标准成本。

标准化思路如下：第一步从电网典型资产入手，通过"典型资产→典型设备→典型项目→典型作业"逐层穿透的链路，选取具有广泛代表性和普适性的典型资产、典型设备、典型项目、典型作业，建立健全检修运维标准作业库。第二步针对选取的典型作业，根据生产工艺、技术规程、市场价格等，逐一测算人工（不含正式员工）、材料、机械台班（不含自有资产）的耗费，形成单项作业成本定额。第三步基于单项作业定额，并按照上述"四个典型"链路，汇总计算单位资产成本标准。作业频次以各专业规定为基础，结合电网企业生产业务实际确定。第四步以典型站成本测算为基础，对比典型与非典型资产以及地域、地形等客观差异，分析成本消耗差异，建立非典型折算系数。第五步充分考虑生产业务活动实际情况和年度重点工作需求，在标准成本测算结果的基础上适应性调整动因参数，形成标准成本规模。相关示意图如图6-1所示。

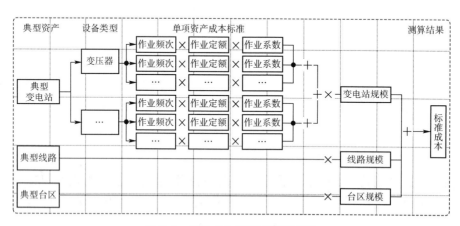

图 6-1 标准成本规模测算示意图

2. 标准作业成本本地化

《电网生产运营作业成本标准》全面覆盖变电、输电、配电、通信、调控及营销专业，在支撑电网企业预算编制、加强成本开支管控等方面发挥了重要作用。随着新业务的不断涌现，结合检修运维标准成本体系应用情况来看，输电、配电、通信、调控专业存在一定的成本缺口或成本标准不够精细的问题，需开展成本标准本地化应用，形成作业成本标准库。

标准作业成本本地化工作思路如下：第一步通过比对分析现行标准作业库与上级发布作业库的差异，建立健全检修运维标准作业库，对新作业予以新增。第二步根据检修业务规程、工艺流程对单项作业的材料、人工、机械台班消耗量定额标准进行更新，考虑物料价格、职工薪酬等确定每个作业的单价标准，测算单项作业成本标准。第三步结合作业频次、每类设备的装置性材料消耗量及使用频次，逐层汇总，形成各专业年均检修运维成本标准。第四步通过与原有成本标准、预算安排、实际成本进行分析比较，优化平衡，最终形成各专业成本标准。

（1）建立健全标准作业库。以新修编的标准作业库为依据，并结合国网湖北电力实际运维检修工作开展分析。对于国网公司总部有，国网湖北电力也需要的作业，纳入作业库；对于总部有，国网湖北电力不适用的作业，讨论确认后，不纳入作业库；对于国网湖北电力特有作业，补充建立其标准作业。

（2）梳理作业定额与作业频次。在建立的作业库中，对于已有的作业，根据材料消耗量、物料价格等情况对原有作业定额及作业频次进行更新；对于细化的作业，依据业务规程、工艺流程，逐层制定检修项目及明细作业，梳理形成单个作业的材料、人工、机械台班消耗量标准及作业频次。同一作业，分别确定自营和外包两种方式下的检修费、材料费，并明确自营或者外包推荐建议。

（3）测算成本标准。在作业库及作业定额确定的基础上，结合物料价格、职工薪酬、作业发生频率、各类设备装置性材料种类、使用频次以及典型设备数量，按照单项作业年均成本标准、各检修项目成本标准、各类设备成本标准、各典型方案成本标准等顺序，逐层向上汇总测算，得到典型方案成本标准。

（4）多维度分析比较。基于典型方案成本标准测算结果，结合专业部门提供的动因参数值，汇总测算各专业总成本规模，并与原有成本定额标准、预算安排、实际成本进行多维度比较，分析差异原因，对成本标准进行优化平衡，再兼顾地域经济、自然环境等因素，设置调整系数，形成检修运维成本标准建议稿。

3．基础数据规范化

构建一套"以应用为驱动，以溯源为手段，以校验为保障"的数据治理体系，进行常态化数据治理，不断夯实生产成本精益管理的基础。

（1）以应用为驱动，迭代融合数据治理与数据应用。伴随应用场景的不断拓展，迭代融合数据治理与数据应用，构建常态化的数据治理机制。

（2）以溯源为手段，确保检修运维数据来源可信。以设备实物为基准，以PMS设备台账为数据源，对ERP系统设备卡片和资产卡片进行核对验证，整体提升各系统数据质量，确保资产账卡物实时一致。

（3）以校验为保障，实现检修运维数据产生即合规。通过在PMS和ERP系统中嵌入数据完整性、一致性、准确性等自动校验功能，当首次录入检修运维业务数据时即被系统自动审核，保障数据录入即合规，大大降低后期数据清理的工作量。

1）设备台账与现场实物对应清理。核对输电、变电、配电类设备实物，要求 PMS 系统设备台账与现场实物一一对应，挂接间隔功能位置准确，做到"账、实"相符，完成 PMS 系统设备台账更新。

2）设备台账与资产卡片对应清理。以 PMS 系统设备台账为数据源，核对 ERP 系统输电、变电、配电类设备卡片、资产卡片与 PMS 系统设备台账一致性，确保 PMS 系统主设备台账与 ERP 系统设备卡片和资产卡片一一对应；核对设备资产主数据中功能位置、电压等级、站线电压等级、制造厂商等数据信息的一致性和准确性，实现账、卡、物一致。

3）ERP 设备卡片、资产卡片清理结果更新。根据清理结果，按照统一的功能位置、设备及资产数据信息维护标准，调整存量功能位置、设备卡片与资产卡片数据。首先完成功能位置新增及变更调整，其次完成设备卡片及资产卡片调整，最后对 ERP 侧待删除的功能位置标记删除。

数据清理范围见表 6-1。

表 6-1　　　　　　　　　　　　　数据清理范围

序号	清理对象	数据范围	清理内容	相关系统
1	功能位置	ERP 系统站线级、间隔级功能位置	功能位置编码、功能位置描述、电压等级（仅站线级涉及）	PMS、ERP
2	设备台账	PMS 系统在运的输电线路、变电 14 类一次设备、配电台区（柱上变压器）	设备编码、设备名称、设备分类（技术对象类型）、设备状态、功能位置、电压等级、投运日期、资产性质（省公司、子公司）、设备型号、生产厂家、使用保管人、设备增加方式、线路长度、变电容量、工程名称、工程编号、维护班组等	PMS
3	设备卡片	ERP 系统在运的输电线路、变电 14 类一次设备、配电台区（配电变压器）设备卡片	设备编码、设备名称、技术对象类型、设备状态、投运日期、功能位置、电压等级、站线电压等级、工厂区域、设备型号、制造商、设备增加方式、设备变动方式、线路长度、变电容量、使用保管人、使用保管部门、实物管理部门、设备存放（坐落）地点、WBS 编码、资产编码等	ERP
4	资产卡片	ERP 系统未报废的输电线路、变电 14 类一次设备、配电台区（配电变压器）资产卡片	资产编码、资产名称、固定资产分类、电压等级、站线电压等级、使用保管人、使用保管部门、实物管理部门、资产使用情况、资产状态、资产增加方式、资产变动方式、制造厂商、资产存放（坐落）地点、WBS 编码等	ERP

二、组织层量化分析方法

以省公司、地市公司、县公司、专业室（地市公司所属二级单位）、班组（供电所）的成本中心会计科目中，材料费、检修费、人工费及其他运营费等主要成本类别为分析对象，从总体情况、业务活动、电压等级、重点设备（资产）等不同维度开展统计性、关联性分析，掌握生产成本使用情况。开展生产成本与资产、安全、效益、检修效率的相关性分析，掌握生产成本投入效果，支撑生产成本投入产出评价，提出生产成本精益化管理建议。制定统一的项目、ERP 工单与成本中心对应关系，组织县公司、市公司本部专业室（工区、供电所）按照对应关系和规则，校核检修运维项目、ERP 工单和成本中心基础数据规范性，确保生产成本数据全面性和准确性。将项目、ERP 工单与县、市成本中心准确对应，统计各个成本中心的生产成本数据，实现县、市、省逐级开展生产成本量化。组织层生产成本量化分析如图 6-2 所示。

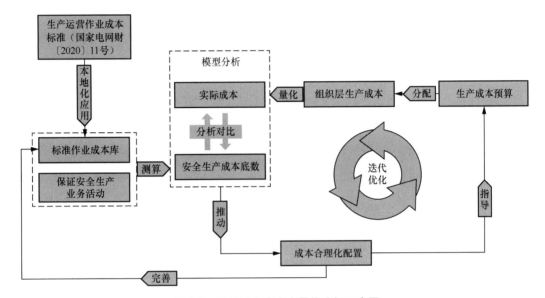

图 6-2　组织层生产成本量化分析示意图

1. 数据来源

组织层生产成本量化工作依赖于多个信息系统所提供的数据，通过对数据进行汇总统计，掌握生产成本投入效果。因此，组织层生产成本量化分析工作的整体效果取决于各业务系统数据现状。

（1）ERP 系统。该系统主要汇集了实物资产规模、项目、成本数据，主要收集资产原值、净值数据。

（2）PMS 系统。该系统主要汇集了输电、变电、配电、自动化、仪器仪表类的实物资产设备台账和运行数据，主要收集运维变电站数量、容量、线路长度、配电规模、故障次数等数据。

（3）营销系统。该系统提供了各级电力公司的售电量数据，主要收集售电量数据。

（4）供电服务指挥系统。该系统提供 4 类主要输电设备的强迫停运数据，主要收集城网、农网供电可靠率数据。

（5）电能质量在线监测系统。该系统提供电能质量数据，包括电压合格率等指标，主要收集输变电可用系数数据。

（6）人资系统。主要收集各专业定员人数、实配人数数据。

（7）财务管控系统。主要收集多维数据底表各类成本数据。

2. 分析维度

（1）分析范围。

1）单位范围：各地市公司（含县级公司）、超高压公司、直流运检公司、送变电公司。

2）成本要素：材料费（自营材料费、外包材料费）、外包检修费、人工费及其他运营费。

3）成本范围：按业务活动描述，包括变电检修、变电运维、配电运检、输电运检、通信设备运检、运检综合管理、运行（调控）等七类业务活动。

（2）分析内容。从成本类别、业务活动、所属单位、不同专业、重点投向等维度开展生产成本剖析，并分析较上一年度变化情况，以图、表、文字等形式展现生产成本多少、组成和去向，掌握生产成本使用情况。

开展生产成本（全口径）与资产、安全、效益、效率、环境间的关联分析：一是采取横向维度，分析所属单位生产成本与各因素间的关系；二是采取纵向维度，分析本单位生产成本与各因素间的关系，识别影响成本投入产出变动的关键因素，指导生产成本投入。

3. 分析方法

组织层成本分析中使用的方法主要包括关联分析部分所应用的聚类分析法、回归分析法与雷达图分析法。

（1）聚类分析法。利用聚类分析，根据成本、资产、售电量等指标找出一些能够衡量地市公司之间相似程度的统计量，以这些统计量为依据，将一些相似程度较大的地市公司聚合为一类，把另外一些彼此之间相似程度较大的地市公司聚合为另一类，直到将所有的地市公司全部归类。

（2）回归分析法。统计学中，回归分析是指确定两种或两种以上变量间相互依赖的定量关系的一种统计分析方法。在大数据分析中，回归分析是一种预测性的建模技术，它研究的是因变量（目标）和自变量（预测器）之间的关系。这种技术通常用于预测分析，时间序列模型以及发现变量之间的因果关系。

（3）雷达图分析法。雷达图是分析企业经营状况的一种有效方法。这种方法是从企业的经营收益性、安全性、流动性、生产性、成长性等五个方面分析企业的经营成果，可以看出企业经营状况的全貌，一目了然地找出了企业经营上的薄弱环节。

三、站线层量化分析方法

以变电站、线路和台区为分析对象，以材料费、检修费、人工费及其他运营费为主要成本类别，遵循"直接归集为主，间接分摊为辅"的思路，开展项目成本、非项目成本、人工成本分类归集或分摊。开展站线设备状态、管理业务与生产成本融合分析研究，生产成本投入及差异化配置分析。站线层生产成本量化分析如图6-3所示。

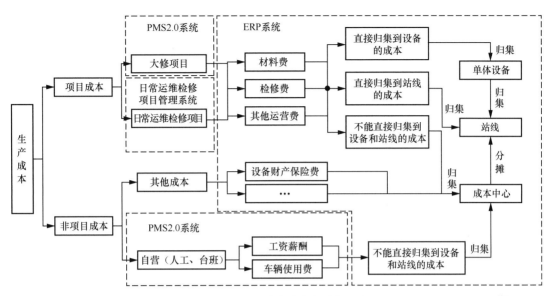

图 6-3　站线层生产成本量化分析示意图

1. 量化规则

针对项目化成本，完善设备大修、运维项目结算标准，制定项目化成本站线层分摊规则，使项目成本结算至设备层级。针对非项目化成本，建立站线运维工单与成本中心的对应关系，明确成本分摊模型，将工单产生的材料费、检修费及其他运营费分摊至各站线。针对人工成本，依据变电站或线路关联的工作票（操作票）信息、设备数量等因素，明确分摊模型，将管理人员和班组人工成本分摊至各站线。成本分摊与归集规则见表 6-2。

表 6-2　　　　　　　　　　　　　　成本分摊与归集规则

成本类别	科目名称	分摊归集规则
材料费	自营材料费	对于项目化成本按照项目内容描述所涉及的站线以及工程量进行归集与分摊。对于非项目化成本，按照"摘要""工单"描述，明确归集与分摊方式。
	外包材料费	（1）明确全部属于单个站线的直接归集。 （2）涉及多个具体站线打捆的成本： 1）运维类按照涉及的站线数量进行均摊； 2）工程类按照工程量结算比例进行分摊。
检修费	外包检修费	（3）无法明确具体站线的，根据项目内容或者摘要描述工作性质，选择按全部线路、某一电压等级线路、全部变电站、某一电压等级变电站或者其他范围内，按照站线数量、站线资产原值、线路长度、变电容量或者其他不同方法进行分摊
人工费	人工费	按照定额工时分两次进行分摊： （1）将单位管理人员人工费分摊至站线所属班组，分摊至班组人工费=本单位运检工区管理人员人工费×（所属班组人工费/本单位所有运检一线班组人工费）； （2）将班组人工费分摊至站线（所属班组人工费+分摊至班组人工费）×（本站线检修工时/所属班组总工时）。 也可参照站线人数进行分摊。 若工时难以取到，可按照资产原值占比分摊

成本类别	科目名称	分摊归集规则
其他运营费	财产保险费	分两次分摊： （1）将综合类财产保险费按资产原值占比分摊至变电业务和输电业务； （2）将变电业务和输电业务分别按照站线资产原值占所属成本中心全部站线资产原值占比进行分摊[一级分摊至变电（输电）财产保险费+变电（输电）专业财产保险费]×某站（线）资产原值/全部站（线）资产原值
	电力设施保护费	分两次分摊： （1）将综合类电力设备保护费按资产原值占比分摊至变电业务和输电业务； （2）分变电站与线路，变电站按资产原值占所属成本中心资产原值占比对变电运检成本进行分摊，线路按照线路长度占成本中心线中长度占比对输电运检成本进行分摊
	车辆使用费	分两次分摊： （1）将综合类车辆使用费按资产原值占比分摊至变电业务和输电业务； （2）分变电站与线路，变电站按变电站数量进行均摊，输电线路按照线路长度占比进行分摊

2. 数据来源

站线层生产成本量化工作依赖于多个信息系统所提供的数据，通过对数据进行汇总统计，开展执行情况差异化分析。因此，站线层生产成本量化分析工作的整体效果取决于各业务系统数据现状。

（1）ERP 系统。该系统主要汇集了实物资产规模、项目、成本数据，主要收集站线资产原值、净值数据。

（2）PMS 系统。该系统主要汇集了输电、变电、配电、自动化、仪器仪表类的实物资产设备台账和运行数据，主要收集运维站线名称、电压等级、类型、重要程度、投运年限、站址条件、污秽等级、状态评价结果、故障次数数据等。

（3）OMS 系统。主要收集年度负载率数据。

（4）人资系统。主要收集各专业定员人数、实配人数数据。

（5）财务管控系统。主要收集多维数据底表各类成本数据。

（6）雷电系统。主要收集线路雷区等级数据。

3. 分析维度

开展站线设备状态、管理业务与生产成本融合分析研究，从整体情况、电压等级、变电站类型、投运年限、重要程度、污秽等级等不同维度开展统计性、关联性分析，掌握生产成本使用情况。

（1）分析范围。

1）单位范围：超高压公司、直流公司、送变电公司、各地市供电公司。

2）站线范围：所涉及单位运维全部 110kV（66kV）及以上变电站和输电线路，变电站线路清单已在组织层分析中提供。

3）成本要素：材料费（自营材料费、外包材料费）、外包检修费、人工费及其他运营费（仅包含委托运行维护费、电力设施保护费、财产保险费、车辆使用费）。

4）成本范围：按业务活动描述，变电站成本为变电检修、变电运维、通信运检（与变电站有关的费用）、运检综合管理、运行（调控，与变电站有关的费用）；输电线路成本为输电运检、通信运检（与输电线路有关的费用）、运检综合管理、运行（调控，与输电线路有关的费用）。

（2）分析内容。以变电站、线路和台区为对象，以材料费、检修费、人工费及其他运营费为主要成本类别，按成本类别统计单个变电站生产成本使用情况。从整体情况、电压等级、变电站类型、投运年限、重要程度、污秽等级等角度统计单站成本（万元/站）和单位容量成本（元/MVA），分析各重点投向生产成本使用的情况，并分析差异原因。

开展生产成本（全口径）与资产、安全、效益、效率、环境间的关联分析对同电压等级单个变电站生产成本的差异进行深入分析，总结导致差异的因素。

结合统计性和关联性分析结果，造成各变电站成本投入差异的主要因素，构建运维检修成本差异化投入模型，指导成本差异化、精准化投入。

4. 分析方法

站线层成本分析中使用的方法主要包括关联分析部分所应用的可视化图表分析法、聚类分析法、四象限分析法和回归分析法，聚类分析法和回归分析法前文已介绍，这里主要介绍可视化图表分析法和四象限分析法。

（1）可视化图表分析法。根据需求将数据的特征以图表的形式呈现，在保证数据真实性和客观性的基础上，提高数据的可读性和说服力。

在整体情况和统计性分析部分，使用饼图、柱状图、折线图、堆积图、箱形图、热力图等形式图表，将数据特征展现出来，便于不同维度、不同站线的比较，满足不同的展示和分析需求，得出相关结论。

（2）四象限分析法。四象限分析法又可称作矩阵分析法，是指将研究对象的两个关键属性作为分析的维度，根据数据特征定义问题区、关注区、稳健区和对标区。常用于分析企业业务和产品系列的表现，以发现品类发展中存在的问题和潜在的方向为目标，协助其更好地进行资源分配与问题诊断。

在关联性分析中，主要运用四象限分析法，从成本与资产、成本与安全、成本与效益、成本与效率、成本与环境多个方面，分析成本指标与其他指标的关联性，定位可能存在问题的站线，便于进一步挖掘问题原因。

四、设备层量化分析方法

以输变配一次设备为分析对象，以初始投资成本（C1）、运维成本（C2）、检修成本（C3）、故障成本（C4）、退役处置成本（C5）为主要分析类别，贯通业财数据链路，通过合理归集或分摊，形成设备全寿命周期成本，推动设备层生产成本量化分析，助力设备选型、招标采购及运维投资决策。设备层生产成本量化分析如图6-4所示。

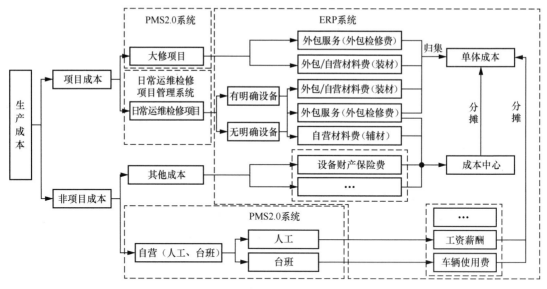

图 6-4　设备层生产成本量化分析示意图

1. 业财链路贯通

以工单为载体，设备和作业为分析单元，工单"设备作业维修清册""标准作业成本库"为手段，现已将 PMS 与 ERP 业财链路全面贯通，并制定了合理的分摊归集规则，实现单台设备生产成本归集。

（1）打破专业壁垒，实现业财链路全贯通。

1）打破业财间系统壁垒，贯通数据通道。坚持业财同源，打破 PMS 与 ERP 系统间的专业壁垒，新增 PMS 与 ERP 专项成本性项目主数据集成接口，实现大修及专项成本性项目均从 PMS 源头与工作任务、工作任务单、检修工单关联，破解各专业数据无法突破"烟囱式"系统壁垒的难题，从而实现检修运维数据跨专业深度融合。

2）统一跨部门数据标准，促进业财协同。

a. 统一跨专业数据架构。对于主网 14 类设备（包括主变、断路器、组合电器、隔离开关、电流互感器、电压互感器、电抗器、电力电容器、耦合电容器、接地变、站用变、开关柜、避雷器、消弧线圈），以 PMS 中的设备与 ERP 中的资产颗粒度层级一致为原则，制定设备资产管理层级一体化联动标准。在 ERP 中新增"间隔"层功能位置，将 PMS 中的"间隔层"同步至 ERP 自动生成 ERP"间隔层"功能位置，设备挂接至间隔层功能位置下，从而保证设备和资产数据架构一致，支撑检修运维成本在间隔层的精准归集。间隔层功能位置如图 6-5 所示。

b. 统一跨专业数据标准。以成本精准归集为导向，将前端业务数据与价值反映进行关联，在 PMS 系统中细化 3480 类检修运维作业类型，新增"检修次数""工日""整站作业""委外标识"等字段信息，实现从源头获取"每一台设备"成本归集的业务动因。

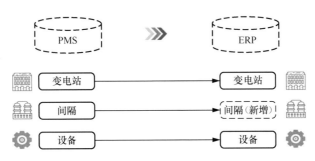

图 6-5　间隔层功能位置示意图

c. 统一跨专业组织信息。梳理人资组织机构、PMS 班组、ERP 工作中心和成本中心组织信息，建立分散在三个系统中的组织数据维护标准，实现各专业组织信息从"多源录入、分别维护"向"一次录入、全程共享"转化，在提升基层操作获得感的同时，保证检修运维成本在组织层的精准归集。

（2）聚焦设备作业，实现工单记录全过程。以工单为载体、以设备为对象、以作业为内容，利用工单聚合设备类型、作业类型、物料消耗和工作时间等检修运维业务实际数据，实现工单全过程记录。

1）梳理检修运维业务，统一工单创建入口。遵循基层一线人员实际操作习惯、贴合实际工作，项目类和非项目类检修运维业务统一从 PMS 系统源端发起工作任务单，通过工作任务单生成检修工单，以检修工单为载体关联实际检修任务，将实际作业与记录资源消耗的载体合二为一，高效、深度融合业财信息，建立电网资产、检修运维作业与成本投入的有机联系。

对于来源于项目的检修计划，要求业务人员必须依据生产大修或专项成本性项目创建工作任务，确保源头与项目关联；对于非项目检修计划，必须在工作任务、工作任务单、检修工单中维护检修对象（整站、间隔、设备），确保检修工单成本精准归集至相应检修对象。

2）遵循检修运维规律，规范工单开具规则。作为检修运维业务的主要信息载体，工单记录了业务发生的全量实际数据，其应用规范程度直接影响"每一台设备"成本归集的准确性。基于智慧共享财务平台的设备条线多维精益管理充分遵循检修运维作业规律，面向输、变、配各类型设备，对一线检修人员作业习惯进行系统调研和全面梳理，提炼形成单台设备检修、单个间隔内的多台设备检修、多个间隔或多座变电站内的多台同类型设备检修等九类检修运维场景。精细设计九类场景的检修运维成本精准归集方法，提炼共性，简化规则，最终确定四种工单开具规则，实现在紧密贴合业务实际的基础上保证成本归集的准确性。检修工单开具规则如图 6-6 所示。

3）提升工单管理水平，记录实际操作过程。以工单为载体归集"每一台设备"检修运维成本，即用工单管理并记录检修运维作业信息以及与之相关的料工费耗用信息，包括维修对象、开始时间、结束时间、维修工序、维修班组、计划员组、维护工厂、所耗用物料等，完整、准确记录"是谁，在什么时候，对什么设备，耗费多少资源，进行了什么类型检修作业"的检修运维业务全过程真实信息。

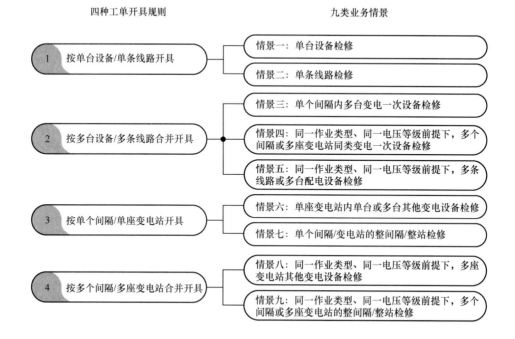

图6-6 检修工单开具规则示意图

（3）优化系统功能，实现归集分摊全自动。结合实际检修运维作业特征，将检修运维成本解构为检修材料费、外包检修费、人工成本、机械台班费、其他运营费用五种费用类型。结合各类费用特点，以"直接归集为主、间接分摊为辅"为原则，利用检修物料与设备类型的精准映射、检修标准作业成本库固化等手段，构建"每一台设备"成本归集模型，量化"每一台设备"资产价值，支撑资产全寿命周期闭环管理。设备检修运维成本归集与分摊如图6-7所示。

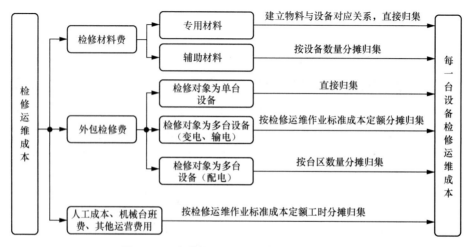

图6-7 设备检修运维成本归集与分摊示意图

1）检修材料费。当检修工单对应具体设备时，材料费直接归集到设备；当检修工单对应间隔时，对于专用配件，根据物料与设备对应关系，将材料费直接归集到设备；对于通用材料，将材料分摊至工单所涵盖的设备，也可手动指定对应关系。检修材料费归集与分摊如图6-8所示。

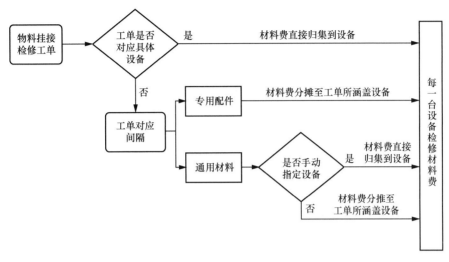

图 6-8 检修材料费归集与分摊示意图

2）外包检修费。在签订外包服务合同时，工区检修运维专责负责要求供应商在合同成本中明确具体设备（配电台区视为单台设备）或间隔的明细构成（区分外包人工成本、外包材料成本、外包其他费用）。在外包业务执行过程中，供应商需提供每次检修运维作业人工、机械台班消耗量详细记录，由检修运维班组管理人员进行签字确认。

在 ERP 最后一次服务确认时，上传经审核的外包项目结算单明细，区分外包检修服务对象及实际成本消耗（区分外包人工成本、外包材料成本、外包其他费用），细化至具体设备或间隔。对于服务于具体设备的，直接归集成本至相关设备；对于服务于整个间隔的，根据间隔功能位置下的设备清单进行分摊。外包检修费归集与分摊如图6-9所示。

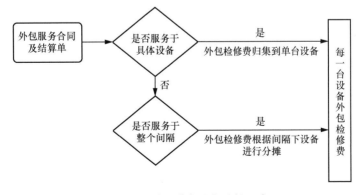

图 6-9 外包检修费归集与分摊示意图

3）班组检修人员工、费。班组检修人员工、费成本（含检测成本、运行成本、巡视成本及试验成本）以工区班组标准工时和实际检修工时记录为基础分摊至"每一台设备"。班组检修人员工、费归集与分摊如图 6-10 所示。

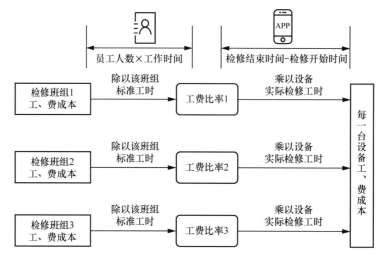

图 6-10　班组检修人员工、费归集与分摊示意图

4）检修工区管理人员工、费。检修工区管理人员工、费成本（含检测成本、运行成本、巡视成本及试验成本）以工区班组标准工时和实际检修工时记录为基础分摊至"每一台设备"。检修工区管理人员工、费归集与分摊如图 6-11 所示。

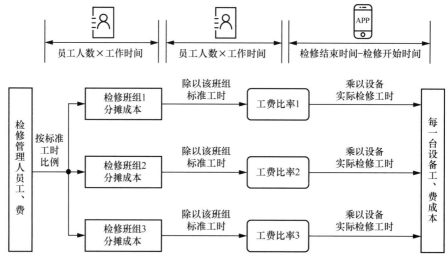

图 6-11　检修工区管理人员工、费归集与分摊示意图

5）机械台班费。车辆使用费以工区班组标准工时和实际检修工时记录为基础分摊至"每一台设备"。机械台班费归集与分摊如图 6-12 所示。

2. 设备全生产周期成本量化分析

（1）构建全寿命周期成本模型。依据投入资金的使用用途，将设备投资分为资本性投资和成本性投资。其中，资本性投资将通过设备的价值变化反映。成本性投资主要包括运维检修成本、故障成本和退役处置成本等，将资本性投资（即初始投资成本）、运维检修成本、抢修费用、退役处置成本纳入归集范围。全寿命周期成本模型构建如图 6-13 所示。

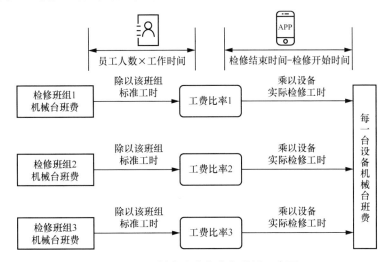

图 6-12　机械台班费归集与分摊示意图

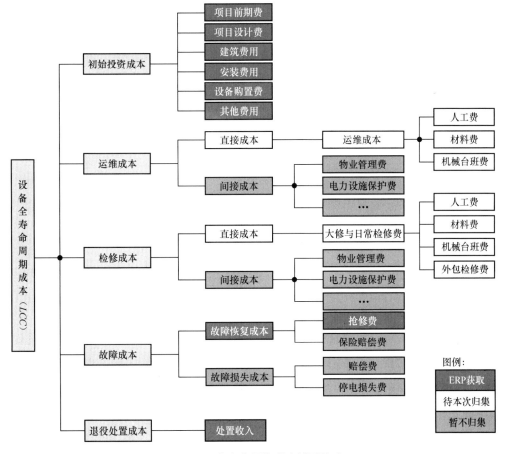

图 6-13　全寿命周期成本模型构建

对于运维检修成本，按成本费用与业务关联度以及对象的针对性，可将其分为直接成本和间接成本：直接成本即设备运维检修过程直接消耗的资源（如人工、材料、机械台班）；间接成本即与设备运维检修过程无直接关系但密不可分的资源消耗（如电力设施保护费、物业管理费、差旅费、水电费等）。此处仅考虑运维检修直接成本的归集。

对于故障成本，按照业务来源，分为故障恢复成本与故障损失成本。其中，故障恢复成本包含抢修费、保险赔偿费；故障损失成本包括赔偿费、停电损失费等。考虑到成本归集的难易程度，目前只归集抢修费用。此处仅考虑故障恢复成本的归集。

（2）全寿命周期成本分摊归集规则。明确成本模型相关成本项管理颗粒度，原则上可归集到单台设备的成本，要直接归集（同类型设备均摊的情况也视为直接归集），无法归集到单台设备的，要按照其所属间隔归集后再向单台设备分摊。主要归集分摊方法如下。

1）初始投资成本（C_1）。项目建设过程中，各项投资成本均通过"在建工程"科目核算，包括建筑成本、安装成本、设备成本和其他费用等。项目决算转资后，各项成本均计入资产原值，故通过资产原值可实现资产初始投资成本的归集。初始投资成本（C_1）归集规则说明如图 6-14 所示。

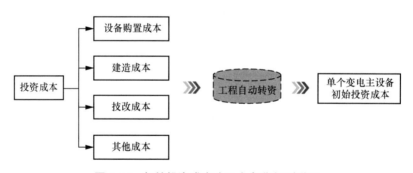

图 6-14　初始投资成本（C_1）归集规则说明

2）运维成本（C_2）。由于运维业务基本有固定频率且工作流程统一，通过建立运维标准作业库，并根据作业频率（或 PMS 运维记录）统计作业次数，通过"标准作业成本×作业次数"，即可实现运维直接成本的归集。运维成本（C_2）归集规则说明如图 6-15 所示。

3）检修成本（C_3）。检修直接成本按照业务类型，细分为例行检修、消缺、试验及大修成本。再细分为定检、日常维修、试验及专项大修成本。定检、日常维修、试验可通过建立检修标准作业库，并根据作业频率（或 PMS 系统中的工作任务单）统计作业次数，计算检修标准作业成本×作业次数，即可实现检修直接成本的归集。大修项目单独核算，且ERP 系统中有完整的成本信息，因此专项大修成本可直接归集。检修成本（C_3）归集规则说明如图 6-16 所示。

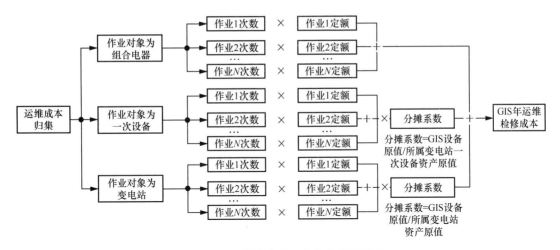

图 6-15　运维成本（C_2）归集规则说明

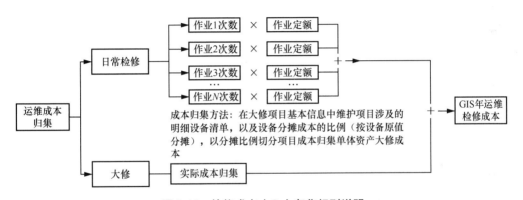

图 6-16　检修成本（C_3）归集规则说明

4）故障成本（C_4）。由于抢修业务多通过应急项目的模式处理，故抢修费用直接通过 ERP 系统项目成本归集。故障成本（C_4）归集规则说明如图 6-17 所示。

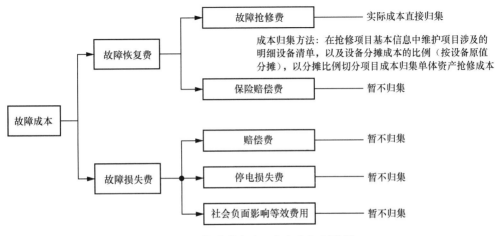

图 6-17　故障成本（C_4）归集规则说明

5）退役处置成本（C_5）。退役处置成本主要归集处置收入。处置收入可通过 ERP 系统废旧物资处置模块归集。退役处置成本（C_5）归集规则说明如图 6-18 所示。

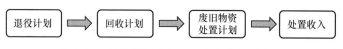

图 6-18　退役处置成本（C_5）归集规则说明

（3）完善标准作业成本库。标准作业成本库遵循"统一标准、简化层级、兼顾差异、动态优化"的建设思路，梳理作业类型清单，根据自营、外包业务选取不同成本核算方法，明确人、机、料等费用定额，充分考虑各地方差异和设备个体差异，并考虑将成本库迭代优化的功能内置到 PMS2.0 系统，便于各单位根据自己的情况更新，确保标准作业成本库易用适用。

（4）选取试点变电站及典型设备。设备工作小组牵头，基于全寿命周期成本分摊归集模型设计基础，在 2020 年度变电主设备全寿命周期成本分摊归集的对象范围内，选取试点变电站及典型设备作为前期全寿命周期成本试算对象，以验证变电主设备全寿命周期成本模型与归集规则的有效性。

（5）开展全寿命周期成本试算。由设备工作小组牵头，基于全寿命周期成本分摊归集规则，结合运维检修标准作业库优化完善成果，编制典型设备检修运维作业情况收集表，下发各试点单位，收集典型设备历史检修运维次数、抢修次数、外包材料费、外包检修费等信息，开展典型设备全寿命周期成本试算。通过试算结果，分析讨论，优化完善全寿命周期成本分摊归集模型与规则。

第三节　典型应用

一、成本展示全视角

1. 组织层生产成本量化

制定统一的项目、ERP 工单与成本中心对应关系，组织县公司、市公司本部专业室（工区、供电所）按照对应关系和规则，校核检修运维项目、ERP 工单和成本中心基础数据规范性，确保生产成本数据全面性和准确性。将项目、ERP 工单与县、市成本中心准确对应，统计各个成本中心的生产成本数据，实现县、市、省逐级开展生产成本量化。组织层生产成本关联性分析示例如图 6-19 所示。

2. 站线层生产成本量化

量化展示每千米输电线路、配电线路、单个变电站、单个台区检修运维成本，结合电网安全、可靠性等技术指标，支撑站线层投入产出效益分析，将结果应用于项目预算、项目时序优化、项目后评价等工作，促进电网资源高效配置。某变电站检修运维成本示例如图 6-20 所示。

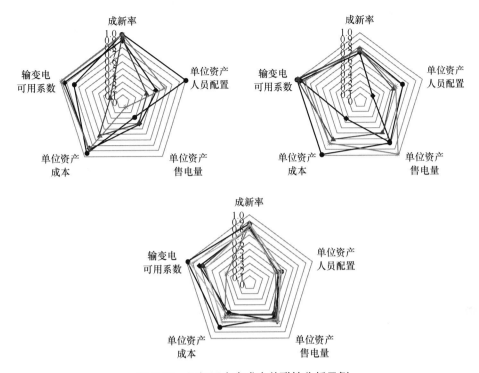

图 6-19 组织层生产成本关联性分析示例

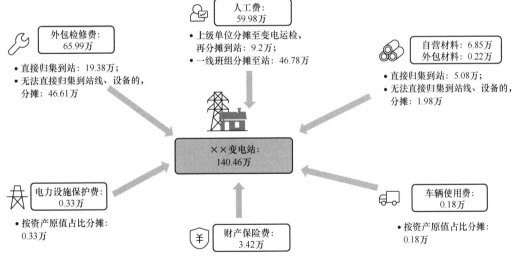

图 6-20 某变电站检修运维成本示例

二、设备全寿命周期成本（LCC）画像

从设备基本信息、业务活动、成本投入、设备状态等维度出发，建立"每一台设备"成本画像事实标签评价指标体系，记录各设备在其全寿命周期中的业务活动内容、业务活动发生时点、初始投资成本、检修运维年均成本、检修运维累计成本、退役处置成本、设备运行状态等信息，全方位、多角度收集并绘制"每一台设备"成本画像基础信息。全面

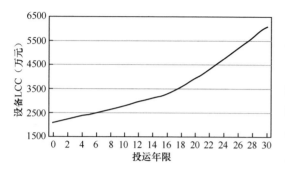

图 6-21　主变全寿命周期成本测算曲线

了解每一台及每一类设备实际检修运维成本，实现设备资产实物流、信息流、价值流一体化管理。此外，按照设备类型、电压等级、所属单位等维度进行成本汇总并横向比较，了解成本管理差异，分析差异原因，为设备选型及供应商分析、电价政策争取、储备项目可研审查夯实数据基础。主变全寿命周期成本测算曲线如图 6-21 所示。

三、项目精准投资

以投入产出为视角构建配电台区价值贡献评价体系，评价配电网项目实施成效，辅助配电网项目精准投资。投入方面，从资本性与成本性投资两个角度选择上年末台区总资产原值、本年台区资本性投资金额、本年台区检修运维成本三项指标；产出方面，以"保安全、优服务、提效益"为目标，从电网安全、服务效能、经济效益等维度选择（台区）最大负载率、（台区）低电压时长占比、（台区）售电量三项指标，共同构建配电台区价值贡献评价体系，实现台区价值贡献评价与价值画像。配电台区价值贡献评价体系如图 6-22 所示。

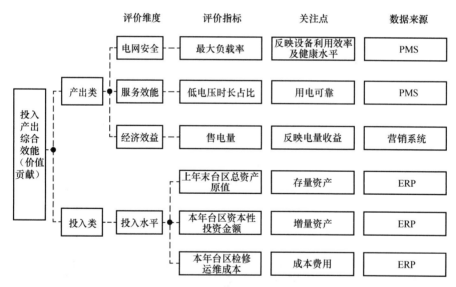

图 6-22　配电台区价值贡献评价体系

以配电台区价值贡献评价体系为基础，以产出绩效和综合效能为评价依据，以试点台区为对象，建立评价矩阵，确定价值驱动型、投入强化型、运营低效类及成本优化类四类台区，形成台区价值画像。此外，将 ERP 作为数据源系统，借助 Tableau 商业智能分析工具进行评价结果的量化展示。配电台区价值贡献度评价与价值画像如图 6-23 所示。

将配电台区投入产出价值贡献量化评价结果共享至发展部和设备部，应用于配电网改造项目可研经济性审查，建立储备前引导投资方向、储备中开展项目优选排序、储备后进行预算分配和投入产出评价的配电网精准投资分析体系，解决配电网项目改造"投哪里""怎么投""投多少"的问题，实现优化资源配置，有效提升精益化管理水平。

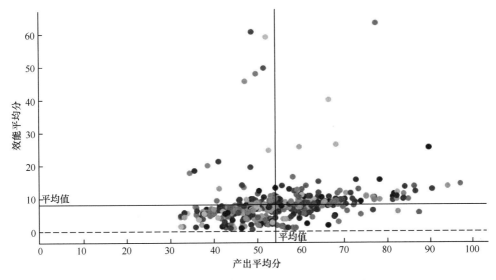

图 6-23 配电台区价值贡献度评价与价值画像

四、供应商评价

应用设备成本显性量化成果，开展重点设备供应商的设备综合水平及设备全寿命周期成本研究，结合设备全寿命周期成本画像，构建供应商评价模型，辅助设备选型。结合重点设备资产初始投资成本与检修运维成本，从全寿命周期成本角度构建设备供应商评价体系，定位主要设备优质供应商。在满足安全运行的前提下，分析不同供应商设备全寿命周期成本历史成本差异，划定不同供应商成本得分区间，作为设备采购选型的重要参考依据，实现全寿命周期安全、效能、成本最优。

基于"每一台设备"的成本数据，通过综合赋值系数调整检修运维成本，计算设备全寿命周期内年均使用成本，建立供应商经济性评价体系，提升入网设备质量。供应商评价指标见表 6-3，全寿命周期检修费赋值系数如图 6-24 所示。

表 6-3　　　　　　　　　　　供应商评价指标

序号	指标	指标说明	数据来源
1	初始购置成本	采用近 10 年采购金额的平均值，减小物价变动的影响	依据近 10 年采购订单，计算平均采购成本
2	检修运维成本	将"每一台设备"归集的检修运维成本按运行年限进行赋值，调整每台设备对应的检修成本	基于"每一台设备"检修运维作业成本核算数据
3	退役处置收入	因设备周期暂无相关数据，且退役处置收入与成本占比较小，此次测算不考虑	—
4	使用年限	退役使用年限（因无足量退役数据，当前采用技术使用年限）	—

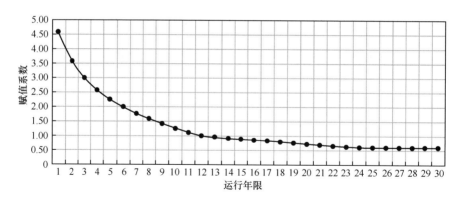

图 6-24　全寿命周期检修费赋值系数

五、检修策略优化

在技改大修项目可研立项评价环节，以"每一台设备"全寿命周期成本最经济为目标，对存量资产的技改、大修方案提供合理评价，优化设备维护策略，确保设备运行维护策略最佳、经济最优。

以某变电站 1 号主变 B 相为例，分析其技改大修策略的经济性。该设备为常州某变压器厂生产，2008 年出厂，2008 年投入使用，资产原值 2000 万元。2018 年 8 月，该变压器由于故障无法运行，若采用大修方案，需拆除返回变压器厂整体大修，更换铁心、绕组、绝缘件等设备，通过综合技术寿命测算，大修后仍可运行 25 年。若 2019 年对该设备进行大修，然后继续运行 25 年，届时再进行更换，其全寿命周期成本年均值测算结果为 104.30 万元；若 2019 年对设备进行技改，可以继续运行 30 年，其全寿命周期成本年均值测算结果为 102.3 万元。通过全寿命周期成本年均值比较，得出对该变压器进行技改较大修更为经济的结论。设备技改和检修策略方案比较如图 6-25 所示。

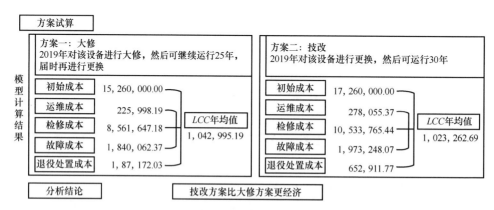

图 6-25　设备技改和检修策略方案比较

六、标准作业成本库动态修订

以标准作业成本体系为参照，结合变电 14 类一次设备、配电台区实际检修作业成本归集成果，对比分析设备实际检修运维成本与标准成本数量关系，在设备层定位成本差异，在作业层分析成本差异原因，从实际作业频次、单项作业定额、外包比例等角度提出标准成本修订依据，不断优化标准成本体系，深化标准成本应用。标准作业成本库动态修订示例如图6-26所示。

按照在设备层进行成本差异比对，在作业层分析差异原因的方式，开展标准成本与实际成本比对分析，滚动迭代完善作业成本体系。（频率、外包占比、定额水平）

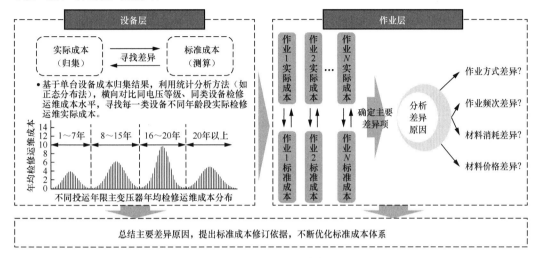

图6-26 标准作业成本库动态修订示例

第四节 实 施 成 效

一、业财链路贯通成效

1. 划小经营单元，价值精益管理成效显著

结合电网经营特性，将资源消耗和价值创造的最小载体"设备"作为价值管理单元，聚焦价值进行精准刻画和全息洞察。围绕"设备"管理对象，聚合资产全寿命周期各阶段投入与产出信息，实现按每一次作业记录设备运检实际料、工、费开支，确保资源消耗与业务量的精准匹配，有效提升价值精益管理水平。同时，以配电台区作为投入产出量化评价的最小价值管理单元，建立设备投入与电力产出之间的有机联系，精准刻画台区价值贡献度，快速识别台区投资效益，优化资源配置，辅助精准投资。

2. 深化业财协同，共建共享理念深入人心

打破以项目为纽带的典型检修运维链路，创新性选取工单作为关键载体，贯通检修运维业财链路。将业财规则前置到业务的最前端，细化作业层级的操作标准，确保"每一项业务活动都有准确的价值反映、每一个价值记录都有鲜活的业务支撑"，实现检修运维全过程业财深度融合。同时，在整个检修运维过程中融入设备专业视角，以间隔层功能位置实现业财数据标准统一，以工单为载体实现材料费成本直接归集，清晰展示了业务到价值的转换过程，精准反映设备全寿命周期成本，为业务和财务均提供了宝贵的数据基础，有效促进生产管理与价值管理的紧密融合。

3. 强化成果应用，数字财务赋能企业经营

"每一台设备"价值精益管理以成果应用为导向，抓关键点和困难点，反推链路建设的基本逻辑、成本归集的基础要素，并逐步追溯到数据标准的统一结构，自顶向下挖掘数据价值；同时基于数据标准的统一，优化链路贯通与成本归集效率，丰富场景应用的内涵和外延，自底向上聚合数据洞察成果。通过"双向迭代"的过程，以设备全寿命周期成本画像、台区投入产出分析评价体系为基础，支撑电网企业技改和检修策略优化、配电网项目精准投资、设备选型及供应商评价、标准作业成本库动态修订等场景应用，为业务提供管理决策所需的关键价值信息，开启了数字财务赋能企业经营的新时代。

4. 助力成本显性，推动资产绩效卓越管理

"每一台设备"价值精益管理以工单为载体，通过统一设备资产数据一体化联动标准，全面贯通 PMS 与 ERP 业财数据链路，实现自营成本和外包成本、项目化和非项目化成本的合理归集，确保成本随业务孕生，每一次设备异动，每一个检修作业都能实现价值变动的自动、精准反映，为设备全寿命成本显性管理奠定坚实的基础，推动设备资产管理实物流、信息流、价值流一体化管理，实现业务和价值信息的全面融合。基于"每一台设备"价值精益管理研究成果及成本显性反映成果，统筹设备状态、运维模式、人员结构、地区差异等因素，持续深化标准作业成本应用，促进生产成本合理化配置，实现资源精准投入，满足设备安全运行实际需求。强化成本管控，深度挖掘成本数据，创新业务管理模式，为电网企业运营管理赋能赋智。

二、场景体系构建成效

1. 配电台区精准投资

通过将内部模拟利润与台区状态、户均配变容量和台区供电可靠性等技术指标灵活组合，改善仅以技术指标"一刀切"的传统决策模式，建立起价值与技术指标双驱动的台区投资效益评价体系，支撑台区投资黄金分配比例和投资时序决策。某供电公司应用新的评价体系后，通过扩增综合评价结果较好的县公司投资规模，削减评价结果较差的县公司投资规模，使其整体投资效益得到有效提升。

2. 供应商评价

基于设备全寿命周期成本开展综合赋值的供应商价值评价，创新研究了全寿命周期检修费赋值系数，根据设备的不同运行年限，计算赋值后的检修运维成本及不同供应商同类设备年均使用成本，破解了无法对运行中设备精准评价的难题，智慧化绘制单台设备全寿命周期的价值曲线，支撑公司"选好设备"。

3. 作业标准成本优化

部分电网企业根据本地有较多高山、森林等地理环境的特性，构建了包含地形地貌、森林覆盖率等因素的标准作业成本修正系数模型，对"10kV 架空配电线路防护区内树木清理"标准作业进行优化，将作业标准成本与实际成本的差异率从优化前的 60% 降至 10% 以

内，有效提升了作业级预算管理水平，赋能公司资源分配最优。

4. 输电属地化成本配置

创新应用运维检修标准作业库，以标准作业为纽带，明确属地单位作业职责划分，按照标准作业定额配置属地化运维成本，形成不同资产性质、不同电压等级输电线路的单位距离成本标准，从而实现属地单位承接超特高压线路运维工作的差异化成本配置，助力输电属地化管理模式安全有序推进。

5. 组织层线上成本量化分析应用

基于市、县供电公司各层级生产成本统计性分析结果，以故障率、单位资产售电量、单位资产人员配置为对标指标，对地市供电公司精准画像，挖掘各单位管理优势与短板，定位标杆与问题单位。针对问题单位，分析产出效益低的原因，逐步提高资产管理效益。

第七章 "资产墙"分析实践

第一节 概　　述

随着电力体制改革的不断演进,电网企业面临的监管环境日益严峻,对电网企业资产管理提出了更多挑战。一是输配电成本监审稳步推进且要求严格,逾龄资产、用户移交资产等非有效资产为电网生产经营带来较大压力;二是当前我国经济发展面临需求收缩、供给冲击、预期转弱三重压力;三是当前电网企业实物资产规模持续增长,老旧设备数量逐年增加,不利于电网设备安全稳定运行,且近年生产技改投资增幅较低,与存量资产规模、老旧资产增速不匹配,难以满足设备更新换代需求,"资产墙"风险逐步积聚。因此,亟须运用科学的管理方法预测"资产墙"风险,识别资产老旧高峰期,提出老旧资产改造投资策略,优化老旧设备折旧年限管理,有效控制老旧资产比例及运行风险。

第二节 方　法　介　绍

本节以优化老旧资产管理为目的,围绕"资产规模、技改效益、技改时序"开展深入研究,科学预测未来技改投资需求,合理评估不同技改模式差异,优化老旧资产技改投资时序。

一、迭代完善"资产墙"模型

1. "资产墙"模型优化

"资产墙"预测可从两个方向展开,一是依据设备预期年限对存量设备进行平移;二是构建设备年限与报废概率威布尔模型,测算不同年限下的报废规模,同时结合预期年限进行平移。

(1)以预期技改年限为平移依据的"资产墙"预测模型。"资产墙"模型是以时间为横轴、以资产规模为纵轴绘制资产规模—时间图形,历史上某个时段内集中投运的资产规模在图中将会呈现"墙"的形状。其中,规模量可以用价值规模(原值、净值)或技术规模(数量、容量、长度)表示。通过本模型进行预测的关键点,一是根据历史数据建立当前"资产墙"的准确图像,二是确定合理的资产寿命作为"资产墙"平移距离。

"资产墙"预测公式为:

$$C_n = C_0 \sum_{i=0}^{n} G_i$$

式中：C_0为当前达到预期技改年限及年限以上需改造的累计价值/技术规模；G_i为预测的第N年新增达到预期技改年限的规模；C_n为第N年根据预测需改造的价值/技术规模总量。

（2）以设备报废概率为平移依据的"资产墙"预测模型。威布尔分布在可靠性理论中被广泛地使用，大多数电子、机械、机电产品的寿命都可以认为是服从威布尔分布。威布尔分布具有三个可变参数，对于各类型的实验数据拟合能力强，利用它描述设备的寿命可以更全面地分析早期故障、偶然故障和耗损故障三个阶段的系统可靠性。利用威布尔模型可拟合得到设备报废概率与使用年限的函数关系，在"资产墙"平移过程中采用不同年限的设备的报废概率测算未来每年老旧资产规模。

2. 老旧资产技改规模预测思路

（1）测算设备报废概率。筛选因设备自身质量问题、自然老化等因素造成的报废记录，根据历史每年报废规模及在运设备数量，测算每年全量设备规模，统计因老旧报废的设备数量，测算不同使用年限下设备报废概率，具体公式如下：

$$PR(t) = R(t) / \sum_{t=1}^{51} \left[RA(t) + W(t) \right]$$

式中：$R(t)$为因老旧报废的使用年限为t年的设备规模；$PR(t)$为不同使用年限下设备报废概率；$RA(t)$为使用年限为t的全量报废规模；$W(t)$为第t个役龄的在运设备规模。

（2）构建威布尔报废概率模型。以历史报废概率为基础，采用非线性最小二乘法和信赖域算法确定不同设备威布尔报废概率模型。根据技术寿命、设计寿命和实际使用寿命经验值，修正威布尔分布，使得预测结果更加符合实际。

（3）测算未来每年报废数量。采用设备预期年限和报废概率代替中高低资产寿命计算预期报废量，通过数量"资产墙"平移，迭代测算未来每年因老旧原因引起的报废规模。相较于以往高中低设计寿命和折旧年限等平移标准，进一步提高了"资产墙"预测的准确性。

在"资产墙"平移多年时采用迭代计算方法，后续年份要增加资产的增长量，扣掉资产损失量，增长量因转资产生，一般为新龄资产，损失量则用本次迭代前预测的全量报废量。

（4）结合技改造价预测技改需求。采用设备数量"资产墙"进行平移测算，参考设备工程造价数据，将"资产墙"数量规模转换成价值规模。

3. 威布尔概率模型

（1）威布尔拟合方法。威布尔模型威布尔分布是瑞典科学家 Weibull 在研究材料强度等问题时提出的数学模型，是目前研究机械零部件可靠性的最适合的模型之一。用威布尔分布可以拟合各种可靠性数据，计算产品的可靠性指标，为故障树分析、可靠性设计、可靠性预计与分配等工作提供了统计学依据。标准的二参数和三参数威布尔分布能够拟合各种类型的寿命数据。

若随机变量 t 服从三参数威布尔分布，其概率密度函数为：

$$f(t) = \frac{\beta}{\eta}\left(\frac{t-y}{\eta}\right)^{\beta-1}\exp\left[-\left(\frac{t-y}{\eta}\right)^{\beta}\right] \quad t \geqslant y$$

累积失效概率函数为：

$$F(t) = 1 - \exp\left[-\left(\frac{t-y}{\eta}\right)^{\beta}\right] \quad t \geqslant y$$

式中：$\beta > 0$，为形状参数，决定分布曲线的形状；$\eta > 0$，为尺度参数，起缩小和放大横坐标尺度的作用；$y \geqslant 0$，为位置参数，决定了分布曲线的起始位置。

形状参数的取值不同，其曲线分布情况也不同，当 $\beta < 1$ 时，概率密度函数 $f(t)$ 与指数分布类似，当 $\beta = 2$ 时，曲线接近瑞利分布，当 β 取值在 3～4 时，曲线分布接近于正态分布。

当 $y = 0$ 时，三参数威布尔分布转换为二参数威布尔分布，其概率密度函数为：

$$f(t) = \frac{\beta}{\eta}\left(\frac{t}{\eta}\right)^{\beta-1}\exp\left[-\left(\frac{t}{\eta}\right)^{\beta}\right]$$

累积分布函数表达式为：

$$F(t) = 1 - \exp\left[-\left(\frac{t}{\eta}\right)^{\beta}\right]$$

对于具体设备，如果其寿命服从威布尔分布，形状参数的取值大多在 0.5～5.0 之间。

在计算设备报废率之前，需要明确其可靠度。可靠度是指在规定的条件下和时间内，完成规定功能的概率，记为 R。设备寿命服从三参数威布尔分布时可靠度函数表达式为：

$$R(t) = \int_{t}^{\infty} f(t)\,\mathrm{d}t = \exp\left[-\left(\frac{t-y}{\eta}\right)^{\beta}\right] \quad t \geqslant y$$

当 $y = 0$ 时，二参数分布的可靠度函数为：

$$R(t) = \exp\left[-\left(\frac{t}{\eta}\right)^{\beta}\right] \quad t \geqslant 0$$

符合威布尔分布的设备的报废率函数计算方式为：

$$\lambda(t) = \lim_{\Delta t \to 0}\frac{F(t+\Delta t) - F(T)}{\Delta t} \times \frac{1}{R(t)} = \frac{f(t)}{R(t)}$$

当设备的寿命数据符合三参数威布尔分布时，其报废比例的计算表达式为：

$$\lambda(t) = \frac{f(t)}{R(t)} = \frac{\beta}{\eta}\left(\frac{t-y}{\eta}\right)^{\beta-1} \quad t \geqslant y$$

令 $y=0$，得到二参数威布尔分布的报废率函数：

$$\lambda(t) = \frac{f(t)}{R(t)} = \frac{\beta}{\eta}\left(\frac{t}{\eta}\right)^{\beta-1}$$

失效率函数的曲线分布情况与浴盆曲线相对，当 $\beta < 1$ 时，设备报废率呈递减趋势，属于早期报废期；当 $\beta=1$ 时，设备的报废率是常数，属于偶然报废期；当 $\beta > 1$ 时，设备的报废随着时间的增加而逐渐提高，属于耗损报废期。

目前，二参数的威布尔分布在计算小样本数据的报废分析及报废预测应用较为普遍，三参数的威布尔分布需要在被二参数分布分析证明合适之后才可使用。

（2）参数估计方法。在确定报废率的函数模型后，需要根据历史的报废数据计算出模型中的具体参数，用于预测未来设备的报废率。威布尔函数的参数估计方法常用的有图解法、极大似然估计法和最小二乘法。

1）图解法将失效数据绘制在概率纸上，用直观地绘直线和曲线的方法获取各分布参数估计值，简单易行。该方法的缺点是易受主观因素影响，其准确性更多依赖于对数据曲线的视觉审查，当没有足够多的数据时，会产生较大的偏差，在小样本条件下不适用。但是其结果可以作为优化估计算法中的初值。

2）极大似然估计法是一种渐进优化方法，在参数的可能取值范围内，选取使极大似然函数达到最大的参数值作为待求的参数估计值。极大似然估计法的缺点是在优化计算过程中容易陷入局部极小，而无法找到全局最优点。对于小样本，极大似然估计法有较大的偏差。

3）最小二乘法，也可称为最小误差法，以样本数据与拟合函数间的误差平方和最小化为目标进行求解。利用最小二乘法可以便捷地求解与实际数据间误差平方和最小的函数，因此可以用于曲线拟合与回归分析，通过引入不同的目标函数可以实现对不同优化问题的求解。威布尔分布的参数是非线性的，非线性最小二乘问题是非线性最优化问题的一个重要分支，在数据拟合、参数估计和函数逼近等方面有广泛应用。因此，在本研究中结合报废数据特点选用非线性最小二乘法进行参数估计。

非线性最小二乘法原理：给定观测样本集 $(x_1,y_1),(x_2,y_2),\cdots,(x_n,y_n)$，其中 x 与 y 之间的非线性函数关系为 $y=f(x,\theta)$，其中 $\theta=(\theta_1,\theta_2,\cdots,\theta_n)$ 是向量参数。为了估计未知参数，建立优化模型：

$$\min \varnothing(\theta) = \frac{1}{2}\sum_{i=1}^{n} r_i^2(\theta)$$

其中，$n \geqslant k$，

$$r_i(\theta) = y_i - f(x_i,\theta) \quad i=1,2,\cdots,n$$

称为残差。定义残差相量：

$$r(\theta) = \left[r_1(\theta), r_2(\theta), \cdots, r_n(\theta) \right]^T$$

若 $r_i(\theta)$ ($i = 1, 2, \cdots, n$) 是二阶连续可微的，$\varnothing(\theta)$ 的一阶导数为：

$$\nabla \varnothing(\theta) = J(\theta)^T r(\theta)$$

则 $\varnothing(\theta)$ 的 Hessian 矩阵为：

$$H(\theta) = \nabla^2 \varnothing(\theta) = J(\theta)^T r(\theta) + G(\theta)$$

其中：

$$G(\theta) = \sum_{i-1}^{n} r_i(\theta) \nabla^2 r_i(\theta)$$

$$J(\theta) = \left(\frac{\partial r_i(\theta)}{\partial \theta_j} \right) \qquad i = 1, 2, \cdots, n; \, j = 1, 2, \cdots, k$$

$J(\theta)$ 为 $r(\theta)$ 的雅克比矩阵，即：

$$J(\theta) = \begin{bmatrix} \dfrac{\partial r_i(\theta)}{\partial \theta_j} & \dfrac{\partial r_i(\theta)}{\partial \theta_j} & \cdots & \dfrac{\partial r_i(\theta)}{\partial \theta_j} \\ \dfrac{\partial r_i(\theta)}{\partial \theta_j} & \dfrac{\partial r_i(\theta)}{\partial \theta_j} & \cdots & \dfrac{\partial r_i(\theta)}{\partial \theta_j} \\ \dfrac{\partial r_i(\theta)}{\partial \theta_j} & \dfrac{\partial r_i(\theta)}{\partial \theta_j} & \cdots & \dfrac{\partial r_i(\theta)}{\partial \theta_j} \end{bmatrix}$$

非线性最小二乘一般是没有解析解的，所以只能迭代求解。常用的迭代算法有 New-Raphson 迭代法、Gauss-Newton（G-N）算法。而一般的优化方法也能用于非线性最小二乘的求解，但是效率比较慢。而高效的方法有高斯-牛顿法（Gaussian-NewtonMethod，G-NMethod）、列文伯格-马夸尔特法（Levenberg-MarquardtMethod，L-MMethod）、DogLeg 方法等。

（3）优化算法。采用信赖域（trustregion）算法对符合威布尔分布的报废数据模型参数进行求解，结合拟合优度确定最终模型。

信赖域算法是一种求解非线性优化问题的数值方法，它是从给定的初始解出发，通过逐步迭代、不断改进，直到获得满意的近似最优解为止。其基本思想是把最优化问题转化为一系列简单的局部寻优问题。

信赖域和一维搜索同为最优化算法的基础算法。在一维搜索中，需要从一个初始点开始，先确定一个搜索方向 d，在这个方向上做一维搜索，找到此方向上的可接受点之后，通过一定的策略调整搜索方向，然后继续在新的方向上进行一维搜索，依此类推。与一维搜索不同的是，信赖域算法是它是直接在一个 region 中"search"。根据一定的原则，直接确定位移。如果根据"某种原则"确定的位移能使目标函数值充分下降，则扩大信赖域；

若不能使目标函数值充分下降，则缩小信赖域。如此迭代下去，直到收敛。

信赖域的数学模型为：

$$\min q^k(s) = f(x_k) + g_k^T s + \frac{1}{2}\left(s^T B_{k^s}\right)$$

$$s.t.s \leqslant h_k$$

B_k 是 X_k 处的海森矩阵或近似海森矩阵。在近似后的目标函数中，把迭代的步长（含方向）s 作为变量，探究当 s 在信赖域范围内取何值时能够使得 $q^k(s)$ 小。

信赖域算法步骤：

1）从初始点 x_0，初始信赖域半径 $h_0 = \| g_0 \|$ 开始迭代；

2）到第 k 步时，计算 g_k 和 B_k；

3）解信赖域模型，求出位移 s_k，计算 r_k；

4）若 $r_k \leqslant 0.25$，说明步子迈得太大了，应缩小信赖域半径，令 $h_k + 1 = \frac{1}{4}\| s_k \|$；

5）若 $r_k \geqslant 0.75$ 且 $\| s_k \| = h_k$，说明这一步已经迈到了信赖域半径的边缘，并且步子有点小，可以尝试扩大信赖域半径，令 $h_k + 1 = 2h_k$；

6）若 $0.25 < h_k < 0.75$，说明这一步迈出去之后，处于"可信赖"和"不可信赖"之间，可以维持当前的信赖域半径，令 $h_k + 1 = h_k$，若 $r_k \leqslant 0$，说明函数值是向着上升而非下降的趋势变化了（与最优化的目标相反），这说明这一步迈得错得"离谱"了，这时不应该走到下一点，而应"原地踏步"，即 $x_k + 1 = x_k$，并且和上面 $r_k \leqslant 0.25$ 的情况一样缩小信赖域。反之，在 $r_k \leqslant 0$ 的情况下，都可以走到下一点，即 $x_k + 1 = x_k + s_k$。

（4）拟合优度检验。拟合优度是指回归直线对观测值的拟合程度，若观测点离回归线近，则拟合程度好；反之则拟合程度差。可采用确定系数 R-square 和方差 SSE、均方差 MSE、均方根 RMSE 等指标来检验模型的拟合效果。

二、电网资产技改效益评估

以下从折旧费、运行维护费、准许收益、输配电价四个维度探讨逾龄资产技改效益，通过比较不同改造投资方式在成本监审中的差异，以设备健康状态为依据构建输电线路技改后剩余寿命评估模型，为电网企业技改管理工作提供参考。

1. 逾龄资产技改效益分析方法

按照成本监审办法，逾龄资产已提完折旧，不能作为有效资产进行核算，直接影响电网企业输配电价及经营效益。若通过技改的方式，可重塑逾龄资产价值，将逾龄资产转变成有效资产，延长资产的可计提折旧年限，在成本监审中可以继续计提折旧费、运行维护费和准许收益。

假设某类型电网资产原值为 A 亿元，历史财务折旧率为 n，现投入技改资金 k 亿元，计划对该电网资产的 $x\%$ 部分进行技改，以重塑该部分资产价值。假设技改投资后，该电网

资产可使用 m 个成本监审周期，即在 $3m$ 年内该资产仍为有效资产，技改后资产预计净残值率为5%，资产技改完成后仍按照原折旧率计提折旧费。将上述假设条件转化为数据表达式，具体如下：

（1）技改投资 k 亿元；

（2）技改的电网资产原值为 $A \times x\%$；

（3）技改的电网资产净值为 $5\% \times A \times x\%$；

（4）技改转资后，重塑的有效资产的原值为 $A \times x\% + k$；

（5）技改转资后，重塑的有效资产的净值为 $5\% \times A \times x\% + k$；

（6）技改后价值重塑的资产每年计提的折旧费为 c，$c = (A \times x\% + k) \times n$；

（7）技改后价值重塑的资产预计净残值为 w，$w = (A \times x\% + k) \times 5\%$；

（8）技改后资产使用年限为 y，$y = (A \times x\% + k)(1 - 5\%) / c$。

为保证技改后，资产能使用 m 个监管周期，则需要满足以下函数关系：

$$5\% \times A \times x\% + k - 3 \times c \times m \geqslant 5\% \times (A \times x\% + k)$$

即：$5\% \times A \times x\% + k - 3 \times (A \times x\% + k) \times n \times m \geqslant 5\% \times (A \times x\% + k)$

计算得出：可技改的电网资产的规模比例：

$$X\% \leqslant 100\% \times \frac{(95\% - 3m \times n) \times k}{3m \times n \times A}$$

该函数表示，在计划技改投资金额（k）、可改造的总体电网资产原值（A）、财务折旧率（n）已知的条件下，若想要保证技改重塑的资产能经历 m 个监管周期，只能对不超过该电网资产原值的 $x\%$ 进行技改。

若 $X\% > 100\%$，表示在 m 个成本监审周期内，计划技改投资可对全部待改造电网资产进行改造，且实际改造延长的财务折旧年限大于 $3m$ 年。

2. 线路技改后剩余寿命评估

输电线路作为电力系统的重要组成成分，其状态由多因素共同作用，专家对评价指标进行评价时具有一定模糊性，且评估指标具有多层次结构的特点，在确定指标权重时需考虑多种不确定因素。因此可以线路运维检修标准文件为基础，结合实际检测指标灵活调整，构建输电线路健康状态评价分层模型，通过各线路单元下的运行状态评估输电线路状态水平，结合隶属度函数与健康指数进一步预测技改后剩余使用寿命。

（1）构建线路健康状态评估体系。根据输电线路运行管理规范，参考《输变电设备状态检修试验规程》（DL/T 393—2021）、《架空输电线路状态检修导则》（DL/T 1248—2013）、《架空输电线路状态评价导则》（Q/GDW 1173—2014）等相关政策文件，结合具体线路运维检修实际监测数据，按照分析目标层次法构建输电线路状态评估指标体系。输电线路健康状态评估指标体系如图 7-1 所示。

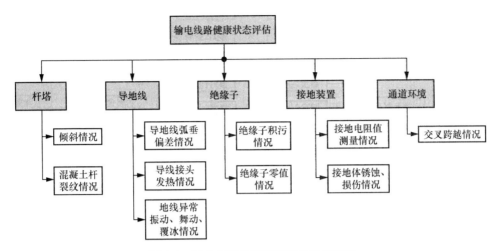

图 7-1 输电线路健康状态评估指标体系

（2）输电线路状态评估。线路评价分为单元评价和整体评价两部分。

1）单元评价是指根据各指标的劣化状态确定线路的状态评价结果，参考运维检修标准将线路指标状态按照严重程度分为 I、II、III、IV 四个等级，基本扣分值为 0、4、8、10。二级指标的扣分情况由基本扣分与各二级指标权重系数决定，权重越大，劣化程度越高，扣分越多，各指标的扣分计算如下：

$$R_c = w \times r_c$$

式中：R_c 为各指标层扣分值；w 为指标权重；r_c 为劣化程度对应的基本扣分值，取 4、8、10。

2）整体评价是对单元评价结果进行修正，为降低部分单元极端情况的影响，通过各单元基础分值减去总扣分值得到最终输电线路健康状态。线路整体状态受到运行环境、老化程度、绝缘水平等一系列单元部件运行状态的共同作用；因此，其寿命终止时间具有不确定性，在确定其运行状态评价结果时应将这种不确定性纳入计算过程。可采用模糊理论中的隶属度函数对线路健康状态最终评价结果概率分布情况进行描述。

隶属度函数属于模糊综合评价的一种，模糊综合评价方法在对事物展开全面评价方面受到学者广泛推崇，其结果不是直观地呈现出肯定或者否定的结果，而是通过模糊集合进行表示。隶属度函数定义为：若对论域（研究的范围）U 中的任一元素 x，都有一个数 $A(x) \in [0,1]$ 与之对应，则称 A 为 U 上的模糊集，$A(x)$ 称为 x 对 A 的隶属度。当 x 在 U 中变动时，$A(x)$ 就是一个函数，称为 A 的隶属函数。

常用的隶属度函数有三角梯形隶属度函数、梯形隶属度函数、岭形隶属度函数等，在评价同一个模糊概念时，不同学者可能建立不同表现形式的隶属度函数，但在实际应用过程中对于模糊特征量的结果不会产生较大影响。本节参考相关研究拟采用三角梯形隶属度函数，其基本函数表达式为：

$$f(x_1) = \begin{cases} 1, & x \leqslant x_1 \\ \dfrac{x_2 - x}{x_2 - x_1}, & x_1 < x < x_2 \\ 0, & x \geqslant x_2 \end{cases}$$

$$f(x_2) = \begin{cases} 0, & x \leqslant x_1 \\ \dfrac{x - x_1}{x_2 - x_1}, & x_1 < x < x_2 \\ \dfrac{x_3 - x}{x_3 - x_2}, & x_2 \leqslant x < x_3 \\ 0, & x \geqslant x_3 \end{cases}$$

$$f(x_3) = \begin{cases} 0, & x \leqslant x_2 \\ \dfrac{x - x_2}{x_3 - x_2}, & x_2 < x < x_3 \\ \dfrac{x_4 - x}{x_4 - x_3}, & x_3 \leqslant x < x_4 \\ 0, & x \geqslant x_4 \end{cases}$$

$$f(x_4) = \begin{cases} 0, & x \leqslant x_3 \\ \dfrac{x - x_3}{x_4 - x_3}, & x_3 < x < x_4 \\ 1, & x \geqslant x_4 \end{cases}$$

式中：$f(x_n)$分别表示不同状态量对应的隶属度函数，对应输电线路健康状态评价中正常、注意、异常、严重四种；x 为状态量综合评分结果，取值范围[0，620]。

结合线路单元状态扣分规则及整体状态评价标准共同确定四种评价等级隶属度函数。线路单元扣分规则见表 7-1，线路整体状态评价规则见表 7-2。

表 7-1   线路单元扣分规则表

线路单元	正常状态		注意状态		异常状态	严重状态
	合计扣分	单项扣分	合计扣分	单项扣分	单项扣分	单项扣分
杆塔		≤10		12～24	30～32	40
导地线	<16	≤10	≥16	12～24	30～32	40
绝缘子	<14	≤10	≥14	12～24	30～32	40
接地装置		≤10		12～24	30～32	40
通道环境		≤10		12～24	30～32	40

表 7-2   线路整体状态评价规则表

线路整体评分	线路整体扣分	线路单元状态评价结果			
		正常状态	注意状态	异常状态	严重状态
>589	<31	正常状态	注意状态	异常状态	严重状态
558~589	31~62	注意状态	注意状态	异常状态	严重状态
<558	>62	注意状态	异常状态	严重状态	严重状态

　　根据上述线路单元状态评分与整体状态评价规则，进一步梳理基于不同状态等级的评分区间。具体思路：首先根据单元状态评分获取正常、注意、异常、严重状态的取值范围；然后参考整体状态评价规则得到与单元状态等级相同的区间交集，以及与单元状态不同的区间并集；最后确定线路四种运行状态对应的整体评分区间，带入隶属度函数。线路整体评价扣分范围见表 7-3。

表 7-3   线路整体评价扣分范围表

线路整体状态	线路整体扣分值
正常状态	[0，31）
注意状态	[12，80]
异常状态	[30，240]
严重状态	[40，620]

　　将不同状态的扣分取值范围带入隶属度函数表达式，得到四种输电线路健康状态等级对应的隶属度函数，具体结果如下：

$$f(x_1) = \begin{cases} 1, x \leqslant 12 \\ \dfrac{31-x}{19}, 12 < x < 31 \\ 0, x \geqslant 31 \end{cases}$$

$$f(x_2) = \begin{cases} 0, x \leqslant 12 \\ \dfrac{x-12}{28}, 12 \leqslant x < 40 \\ \dfrac{80-x}{40}, 40 \leqslant x < 80 \\ 0, x \geqslant 80 \end{cases}$$

$$f(x_3) = \begin{cases} 0, x \leqslant 30 \\ \dfrac{x-30}{50}, 30 < x < 80 \\ \dfrac{240-x}{160}, 80 \leqslant x < 240 \\ 0, x \geqslant 240 \end{cases}$$

$$f(x_4) = \begin{cases} 0, x \leqslant 40 \\ \dfrac{x-40}{200}, 40 < x < 240 \\ 1, 240 \leqslant x \leqslant 620 \end{cases}$$

式中：$f(x_1)$、$f(x_2)$、$f(x_3)$、$f(x_4)$分别对应线路属于正常、注意、异常、严重四种健康状态的概率；x 代表某条线路的扣分值，将其带入四个函数中，可以分别计算出该线路属于四种状态的可能性。

（3）评估输电线路剩余寿命。

1）健康指数。为了更准确地评估线路剩余使用寿命，采用健康指数对线路运行状态进行量化评价。健康指数是指在规定的运行工况和时间段内，在保证外部资源达到标准的基础上，设备（输电线路）能够满足工作要求的能力。具体计算过程如下：

$$HI_t = HI_0 \times e^{B(T-T_0)}$$

式中：HI_t 为当前或未来某年输电线路的健康指数；HI_0 为线路初始状态健康指数；T 是指线路健康指数 HI_t 对应的年份；T_0 为线路投运年限；B 为老化系数，描述了随着运行年限的增加，线路的老化程度。

健康指数取值范围为 0~10，数值越大，表明线路的健康状态越差，老化程度越严重。线路健康指数与状态评价对应表见表 7-4。

表 7-4   线路健康指数与状态评价对应表

线路状态	正常状态	注意状态	异常状态	严重状态
健康指数	1	4	5.5	7

根据线路状态隶属度函数及不同状态对应的健康指数，输电线路实时健康指数计算方式如下：

$$HI_t = f(x_1) \times 1 + f(x_2) \times 4 + f(x_3) \times 5.5 + f(x_4) \times 7$$

2）运行系数。线路健康状态评价可以补充与老化状态无直接联系的数据进行辅助评估，对健康指数进行修正，包括线路缺陷信息、线路负荷、环境状况等。采用线路缺陷数据信息作为运行系数对设备寿命辅助评估，优化后的健康指数具体计算公式如下：

$$HI_t = HI_0 \times e^{B(T-T_0)} \times f_{mod}$$

式中：f_{mod} 为缺陷系数，由线路发生的缺陷次数及缺陷等级决定，参考输电线路状态评估相关研究。

发生不同缺陷次数的输电线路缺陷系数等级见表 7-5。

表 7-5   输电线路缺陷系数等级表

缺陷次数	0	0~1	1~2	2~5	5~100
缺陷系数	1.05	1.0	1.2	1.1	1.1

3）老化系数。在计算健康指数之前，必须先确定老化系数 B 值，受到线路内外部差异的影响，需结合运行环境实际情况对老化系数进行测算，采用线路所处环境的污秽情况对老化系数进行修正，具体计算公式如下：

$$B = \frac{\ln HI_t - \ln\left(HI_0 \times f_{\text{mod}}\right)}{n} \times k$$

一般认为线路初始健康指数为 0.5，在老化程度极其严重，健康指数达到 7 时，需要进行技改大修或报废处理。

参考 IEC 60815:1CD 文件要求及电网运行经验，线路现场污秽等级从轻到严重分为 5 个等级，其污秽系数以相关研究为参考，具体标准见表 7-6。

表 7-6 　　　　　　　　　　　输电线路污秽等级及污秽系数 κ 值

污秽等级	a 级	b 级	c 级	d 级	e 级
污秽程度	非常轻污秽	轻污秽	中等污秽	重污秽	非常重污秽
污秽系数	0.95	1	1.05	1.1	1.15

4）线路剩余寿命计算。当线路老化程度处于极为严重状态，一般认为健康指数为 7 时，线路剩余寿命为 0，由健康指数与老化系数推出输电线路剩余寿命计算公式为：

$$EoL = \frac{\ln\left(7 / HI\right)}{B}$$

式中：EoL 为截至评估日期输电线路的剩余寿命；HI 为线路进行状态评估时的健康指数，由线路状态评估模型与隶属度函数确定。

三、构建老旧设备技改决策模型

电网企业现有技改投资显著不足，无法兼顾老旧设备改造和重点工作推进，难以对老旧资产进行全面改造，需综合考虑设备运行状态、重要程度、设备寿命等因素，深入开展老旧资产技改投资优先级研究，优化电网企业老旧资产技改时序安排策略，为技改项目决策科学化、合理化提供依据。

1. 模型设计思路

以下从设备状态、重要程度、设备运行年限及资产成新率四个维度构建电网设备技改投资决策模型，综合技改大修项目储备定级规则及资产管理现状确定指标权重，考虑模型的应用性及可操作性进一步细化评估标准。根据设备预期寿命及相关政策规定确定技改标准线，结合专家经验优化评估结果，确定项目技改优先级。选取 110kV 及以上输电线路作为样本开展实践应用，明确各单位输电线路未来 3 年改造规划，辅助公司技改投资决策。老旧设备技改决策模型如图 7-2 所示。

2. 设备技改决策评估模型

（1）设备技改决策初步评估。根据技改大修储备项目评分定级规则，综合考虑评估指标的可落地及实操性，确定了设备状态、重要程度、设备运行年限、资产成新率四个评价维度。电网设备改造决策评估总分值 100 分，其中：设备状态评分值为 15 分，按照项目当前状态评价结果进行评分；重要程度权重为 15 分，按照政策规划、电网位置属性、电压等级等进行评分；设备运行年限权重为 60 分，参考设备投运日期、资本化日期进行评分；资产成新率权重为 10 分，参考设备资产原值、资产净值进行评分。电网设备改造决策标准见表 7-7。

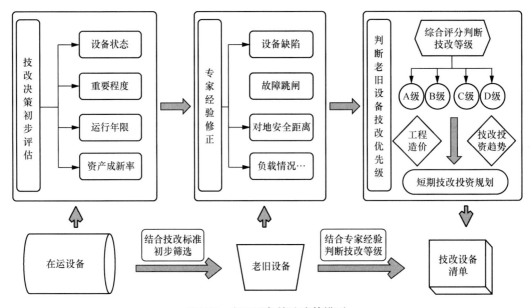

图 7-2 老旧设备技改决策模型

表 7-7　　　　　　　　　　　　　电网设备改造决策标准

评价指标	一级评分	评价等级	二级评分	评价内容
设备状态	15	正常状态	0	
		注意状态	0.6	未被评价为"严重状态""异常状态"状态，如线路各部件存在轻微锈蚀、塔材轻微歪斜等一般缺陷但可坚持运行、带电消缺的线路
		异常状态	0.8	线路及附属设施老旧、劣化导致在大风、雷雨、污秽、覆冰等环境因素下故障频发以及线路对下方各类杆线、树木以及建设的公路、桥梁等交跨距离小于 80%规定值等有跳闸风险的线路
		严重状态	1	杆塔塔身严重倾斜和位移、杆塔本体结构严重锈蚀、杆塔主材严重变形或辅材大量缺失、杆塔缺少大量螺栓或较多节点板、杆塔主材或重要受力杆材有裂缝、混凝土杆稳拉和内 X 拉线缺少或叉梁下移超过 20cm 影响杆身稳定等有倒塔风险的线路；子导线鞭击严重或扭绞、钢芯断股严重、线夹或连接金具出现裂纹等有断线、掉串风险的线路
重要程度	15	重要	1	特高压线路；跨区电网联络线；一级客户（机场、高铁等）直供线路；220kV 及以上电厂送出线路；单电源线路；"N-1"校核不通过的线路；省级以上重要输电通道内的线路
		次要	0.7	非一类的其他 500kV 线路；地市级重要输电通道内的线路；110kV 及以下电厂送出线路；二级客户直供线路
		一般	0.4	其他线路

续表

评价指标	一级评分	评价等级	二级评分	评价内容
设备运行年限	60	1～50 年	运行年限×0.02	设备投运日期、资本化日期
		51 年及以上	1	
资产成新率	10	[0，100%]	1−成新率	资产净值/资产原值

根据上述评价标准，设备技改决策总体得分区间为[0，100]，对单个设备进行技改决策评估时，其总体得分计算公式为：

技改决策评分=15×设备状态评分+15×重要程度评分+60×设备运行年限评分+10×资产成新率评分

在完成上述评估后，根据生产技改原则与专家经验，综合四个评价维度确定技改标准线，初步筛选出需要进行改造的老旧设备。

（2）专家经验修正评价结果。考虑到线路评估数据的准确性和及时性，采用专家评估对评价结果进行修正，通过设备历史缺陷、故障跳闸、线路对地距离等，对线路实际运行状况进行综合判断。输电线路设备运行状况评估参考见表 7-8。

表 7-8 输电线路设备运行状况评估参考

运行状况指标	评分值	评估参考维度		
设备运行状况	[1，10]	设备缺陷情况		重点考虑严重、危急缺陷次数，以年均缺陷为 0.52 次/100km 为中值进行判断（以 2021 年数据为基准）
		设备故障跳闸次数		本体故障累计满 2 次/年作为中值
		导线与地面距离	66～110kV	参考《架空输电线路运行规程》，导线与建筑物之间的最小垂直距离为 5m，居民区中导线与地面最小安全距离要求为 7m
			220kV	导线与建筑物之间的最小垂直距离为 6m，居民区中导线与地面最小安全距离要求为 7.5m
			330kV	导线与建筑物之间的最小垂直距离为 7m，居民区中导线与地面最小安全距离要求为 8.5m
			500kV	导线与建筑物之间的最小垂直距离为 9m，居民区中导线与地面最小安全距离要求为 14m
			750kV	导线与建筑物之间的最小垂直距离为 11.5m，居民区中导线与地面最小安全距离要求为 19.5m
		其他参考指标		塔身倾斜度，设备锈蚀、裂纹情况、线路负载情况等

（3）技改优先级判断。设备改造优先级是通过分专业、分单位将每个项目从高至低进行排序，按照项目总评分区间 4:3:2:1 的比例分为 A、B、C、D 四个级别。

在初步筛选完满足技改标准的线路后，根据初步评分与专家评分结果，总体评分值区间调整为[70.3，110]，A 级评分范围为（94.12，110]，B 级评分范围为（82.21，94.12]，C

级评分范围为（74.27，82.21］，D 级评分范围在[70.3，74.27]。

老旧设备改造决策标准见表 7-9。

表 7-9 老旧设备改造决策标准

项目定级	评分范围	分级定义
A	(94.12, 110]	关系安全生产、影响设备正常运行并需要抓紧实施的项目
B	(82.21, 94.12]	提升设备健康运行水平，提高电网经济运行效益的基本项目
C	(74.27, 82.21]	着眼长远发展，优化电网技术装备水平的提升项目
D	[70.3, 74.27]	投入能力许可情况下可安排实施的富余项目

第三节 典 型 应 用

一、预测老旧资产技改投资需求

采用设备报废概率取代折旧年限作为平移依据，优化"资产墙"预测模型。利用威布尔失效率模型构建设备使用年限与报废概率的函数关系，结合技术寿命和专家经验确定预期寿命。采用技改造价和老旧设备数量规模，测算未来每年老旧改造需求。综合反事故措施、智能化、应急等历史技改投资趋势，预测输电、变电、二次专业未来投资需求。选取某公司 35kV 主变为例，其威布尔报废概率拟合结果如图 7-3 所示，未来老旧资产技改需求预测结果如图 7-4 所示。

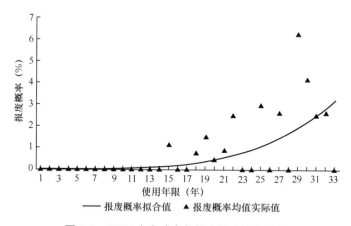

图 7-3 35kV 主变威布尔报废概率拟合结果

二、对比不同改造模式的效益差异

选取某地 220kV 线路为例分析，比较多次分步技改、一次性改造、全部新建和不改造等不同改造模式在非有效资产价值、准许成本、准许收入的差异，评估技改投资的合理性。

该线路于 1997 年投运，截至 2020 年底已使用 23 年。资产原值 1591.60 万元，累计已提折旧费 1512.02 万元，资产净值 79.58 万元，目前财务账面已逾龄（财务折旧年限为 20 年），该资产仍在继续使用。

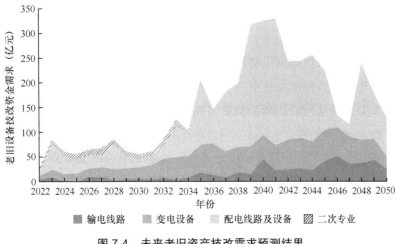

图 7-4 未来老旧资产技改需求预测结果

现假定有技改资金 1000 万元，在 2022 年前可对该逾龄资产进行增资改造。后续分析过程中，暂不考虑改造实施过程耗时的影响。

第一种情况：采用分步技改的方式，将 1000 万元分 5 次投入，每次投资 200 万对逾龄资产进行增资改造，每一次改造投资均可相应延长资产折旧年限。当上一轮改造投资剩余的可计提折旧的年限即将不足一年时，就在该年底前完成下一轮投资。

第二种情况：采用一次性改造的方式，将 1000 万元一次性投入改造，在 2022 年前完成改造。

第三种情况：采用新建的方式，将 1000 万全部用于新建线路，在 2022 年前完成新建工程。

第四种情况：不采取任何措施，该线路仍作为逾龄资产继续运行，作为基础对照组。

按照成本监审中 220kV 输电线路输配电定价折旧年限中值 31 年核定定价折旧费，按照固定资产原值的 4.5% 核定运行维护费，并假定资产逾龄后仍可按照资产原值计算运行维护费，取能延长折旧年限最长的年份所经历的成本监审周期为界限进行对比分析，比较逾龄资产不同价值重塑方式下对准许成本、准许收益的影响及差异。不同改造投资方式在未来的效益见表 7-10。

表 7-10 不同改造投资方式在未来的效益

合计	不改造	分步技改	一次改造	新建
延长折旧的年限（年）	0	10.34	7.72	20
财务折旧费（万元）	0	950	950	950
定价折旧费（万元）	0	598.33	555.94	612.9
运维费（万元）	1504.06	2278.06	2449.06	945
准许成本（万元）	1504.06	2876.39	3005	1557.9
准许收益（万元）	0	76.77	198.11	496.94
准许收入（万元）	1504.06	2953.16	3203.12	2054.85

从未来可核算的定价折旧费大小来看，"新建+原资产不改造"模式>分步技改模式>一次改造模式。若未来逾龄资产仍可与有效资产一样在成本监审中核定运维费，从总体可计提的准许收入大小来看，"新建+原资产不改造"模式>一次性改造模式>分步技改模式，分步技改较一次技改模式准许成本减少了128.61万元。

三、测算老旧资产技改后剩余寿命

以华中某地110kV线路技改项目为例，对比其财务折旧延长年限方法与剩余寿命评估模型差异。该线路于1996年6月8日投运，线路长度8.05km，2017年状态评价为严重状态。该线路已使用22年，资产原值383.71万元，资产净值19.19万元，已财务逾龄。为提升线路健康水平，在2018~2019年对该线路进行技改，投资规模为311.22万元，项目结束时间为2018年6月30日，该线路报废的资产原值为10.42万元，技改后资产预计残值率为5%。

1. 按照省公司资产价值权重法计算线路延长使用年限

该线路技改后资产原值=技改前资产原值+技改投资-报废资产原值=383.71+311.22-10.42=684.51万元。

技改后资产每年计提的财务折旧费=技改后资产原值×（1-预期残值率）/原资产折旧率=684.51×（1-5%）/4.75%=32.51万元。

技改后可延长的财务折旧年限=（技改后资产原值-累计折旧-预计资产残值）/技改后资产每年计提财务折旧费=[684.51-（383.71-19.19）-684.51×5%]/32.51=8.79年。

旧资产净值的价值权重=19.19/（311.22+19.19）=0.058。

技改转入价值的价值权重=311.22/（311.22+19.19）=0.942。

技改后固定资产重估使用年限=0.058×0+0.942×8.79=8.28年。

2. 采用健康状态评估方法计算线路技改后延长的使用年限

结合技改后运维检修数据对该线路杆塔、导地线、绝缘子、接地装置、通道环境五个单元部件的健康状态进行评估，技改后该线路整体表现良好，处于正常运行状态，十个一级评价指标均无扣分。

根据状态评估得分，计算其输电线路状态评估隶属度函数，得到该线路属于正常、注意、异常、严重状态的概率值，该线路状态评估概率值见表7-11。

表7-11　　　　　　　　　　线路状态评估概率值

线路状态	正常状态	注意状态	异常状态	严重状态
概率值	1	0	0	0

结合四种状态下健康指数权重，计算该线路技改后的健康指数：

$$HI_t = 1\times1+0\times4+0\times5.5+0\times7=1$$

通过查询得到该线路污秽等级为c，确定污秽系数为1.05，缺陷系数为1.0，线路财务折旧年限为 20 年，以此作为线路寿命最大值，代入计算老化系数：

$$B = \frac{\ln HI_t - \ln\left(HI_0 \times f_{\text{mod}}\right)}{n} \times k = \frac{\ln 7 - \ln 0.5}{20} \times 1.05 = 0.13855$$

求出老化系数后，代入计算其剩余使用寿命：

$$EoL = \frac{\ln\left(7 / HI_t\right)}{B} = \frac{\ln\left(7 / 1\right)}{0.13855} = 14.0448$$

因此，根据状态评估结果，该线路技改后还可继续使用 14 年左右。在后续运行过程中，状态评价结果健康指数达到 7 之前，需要进行技改或报废处理。目前，输电线路技改后仍按照原资产财务折旧率计提折旧费，该线路技改后可延长的财务折旧年限为 8.28 年，与状态评估剩余寿命结果存在 6 年差异。

四、评估老旧输电线路技改优先级

依据老旧设备技改决策模型，以某地 110kV 及以上输电线路为样本开展应用评估。预计需要进行技改的老旧线路有 197 条，长度 4200.54km，投资需求为 39.63 亿元，其中"A级"线路有 22 条，"B级"线路有 70 条，"C级"线路有 84 条，达到"D级"线路有 21条。在当前投资水平下，未来三年可改造线路 53 条，合计 1307.94km，投资需求 11.62亿元。

第四节　实　施　成　效

一、科学预测未来老旧技改需求，提高技改投资精准性

采用威布尔模型构建设备使用年限与报废概率函数关系，综合不同设备的报废概率迭代优化"资产墙"预测模型。结合设备造价数据、报废与技改比例关系，预测电网企业中长期老旧资产改造需求，准确识别电网企业未来老旧资产风险。科学规划技改投资资金，有效提升电网运行本质安全。

二、合理选择逾龄资产改造模式，提升技改资金利用率

综合对比基建、一次性改造、分步技改等不同改造方式投资效益，为改造项目决策分析提供依据。对老旧程度高的逾龄资产采用一次技改模式，整站、整线进行改造，对运行状态良好的逾龄资产采用分步技改模式进行改造，合理控制非有效资产规模，化解"资产墙"风险，提高设备利用率。当技改投资规模较大时，可以考虑通过新建资产卡片，保障资产长期纳入成本监审，更有利于输配电价核算。

三、持续优化技改资产折旧管理，缓解资产逾龄压力

参考线路状态检修标准，基于实际检修测试数据构建线路健康状态评估模型。首先，构建输电线路状态评估体系，通过状态评估打分确定线路运行状态。其次，结合隶属度函

数计算该线路健康指数，应用老化系数、运行系数及环境系数计算线路剩余使用年限。与财务现行的计算模型相比，该方法计算得到的线路剩余寿命的灵活性更高，能够反映线路实际运行情况，对技改后线路可延长的折旧年限进行差异化管理。

四、精准评估老旧线路改造优先级，提高技改决策合理性

结合电网企业技改项目管理要求和技改项目管理实际，构建电网设备技改决策模型。分别从设备状态、重要程度、设备运行年限和资产成新率四个维度开展设备技改决策初步评估，并根据设备预期寿命及相关政策规定确定技改标准线，结合专家经验综合判断设备实际运行状况，修正技改决策初步评价结果，评估老旧设备改造优先级。该评估模型基于设备主客观评价结果，以降低老旧设备比例、提升电网设备本质安全为目标，对存量设备开展多维度状态评估，科学判断老旧设备改造优先级，提高了技改评估标准的可操作性及落地性。

第八章　项目管理实践

第一节　概　　述

一、背景

全寿命周期管理追求的是资产全寿命周期内效益最大化，而并不是局部和阶段最优化。它的主要特点是将资产的产生（项目前期、项目设计、项目建设等）、运行、保养和报废等所有阶段统一管理。

供电企业作为资金技术密集型企业，固定资产管理是企业管理的一个重要环节，而技术改造支出、大修费用又是固定资产使用过程中重要的两项后续支出。使用和维护这部分资产需要采用生产技改和生产大修两种手段，生产技改项目和生产大修项目也是供电企业投资的重要组成部分，在供电企业日常管理工作中统称为生产技改大修项目。电网生产技改大修项目是供电企业为保证电网安全可靠运行而进行的最重要的工作内容，随着依法治企及电网技改大修项目信息化应用的深入推进，生产技改大修项目精益化管理的要求也随之提高。为有效提升技改大修项目实施管理规范性，坚持以问题导向，对项目管控的关键环节进行分析，开展技改大修项目管理风险辨识及控制要点研究，对强化电网生产技改大修项目管理，提升项目管理人员的风险辨识能力具有一定的指导意义。

二、问题与形势

1. 供应商评价体系不健全

ERP 系统评价功能不足，不能有效支撑施工评价工作。

（1）评分逻辑不完善，评分界面不清。施工供应商评价表规则修改后，评价工作变成了项目单位、地市公司两个维度的评分。但目前 ERP 系统评分功能未进行修正，需地市公司后期根据实际评分情况进行手工修改，人为造成工作负担。

（2）评价系统未做到智能化感知。部分取数未做到系统间自动关联，需人工线下收集完成，容易造成误评、漏评的问题发生。

2. 自主实施项目结算方式需进一步明确

各结算方式各有利弊，且数据差异性无规律可循，需进一步明确。常规定额计价模式的结算工作量重，误差值大；采用财务成本计价模式的结算使用过程套取简单，实际匹配度不高，不适用于实际成本费用报销依据；采用据实模式的结算对人员素质要求较高，且审计风险较大。

第二节 方 法 介 绍

一、服务类供应商评价体系建设

组织试点单位开展服务类供应商评价体系建设工作。结合设计、施工和监理业务类型差异性，分阶段、分步骤制定评价方案；组织项目单位开展线上评价评分，确保数据可溯源、可跟踪；组建柔性工作组，对评价结果进行审核把关，提出完善意见，确保评价结果客观、公正。技改大修及省控专项成本项目施工供应商评价工作流程如图 8-1 所示。

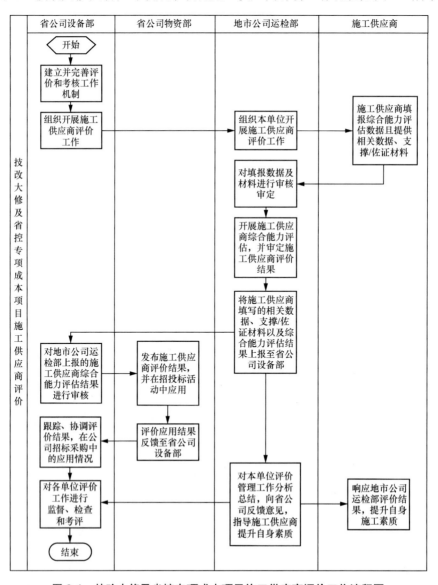

图 8-1 技改大修及省控专项成本项目施工供应商评价工作流程图

施工供应商评价综合考量供应商的服务能力和水平，包括基础能力、安全质量、服务支撑等指标，供应商评价结果从优到劣可分为 A 级、B 级、C 级以及 D 级。具体评价方法为：

（1）设定否决项。项目建设期间，施工人员在履职范围内因违纪违法受到刑法或者行政纪律处分的、发生四级及以上人身事件，五级及以上电网、设备事故，六级以上信息系统事件、重大质量事件、因施工供应商原因未实现施工承包合同安全、质量目标的施工供应商本次评价直接为 0 分。直接列入项目施工供应商"黑名单"。

（2）评价内容和权重。评价内容针对施工供应商基本素质、供应商核心素质、供应商项目整体完成度、供应商经济分析、供应商施工安全分析、基于流程的施工项目完成情况分析、基于不同类型的项目适应度分析等 8 个维度进行评价。

（3）评价方法和应用。A 级（评分排名占比为前 30%）、B 级（评分排名占比在 30%～60% 之间）、C 级（评分排名占比在 60% 之后）、D 级（待观察名单）。其中：评价为 A 级的施工供应商纳入核心施工供应商范围；评价为 B 级的施工供应商纳入备选供应商范围；评价为 C 级的施工供应商纳入限选供应商范围；评价为 D 级的施工供应商则纳入观察名单，在评价结果有效期内不应选用。

施工供应商综合能力评价体系及评价标准见表 8-1。

二、全过程监管

1. 项目立项阶段

年度技改大修项目在履行技术评审和规范性审核程序通过相关系统下达后，由相关部门统一组织，并在 ERP 系统中同步完成项目建项工作，为项目的有序实施做好充分准备。

2. 项目招标阶段

提早分类排序年度计划所需招标服务及物资，参照当年招标计划时间确定具体时间和最后期限，重点审查投标报价和工程量清单，强化造价控制动态性。其中，针对工程量清单，编制时需调查实际施工条件（工程现场的气象的具体条件、水文地质、交通、用房、场地等环境条件），全面了解实地现场情况、技术规范、工程有关部门资料；审核时需在有关部门的协助和监督下进行有效开展，确保公正客观、准确全面，避免由于描述不清而引起理解上的差异，造成投标企业报价时不必要的失误，影响招投标的工作质量。

3. 合同签订阶段

定期跟踪中标结果发布，及时通知各项目单位与中标单位签订合同，并督促设备制造供应单位按照合同期交付。汇总各项目中标结果至表格，确保项目各技术专责、项目管理单位、项目建设单位及时掌握项目信息。

4. 项目实施阶段

技改大修项目年度计划下达后，各项目单位在一个月内编制项目施工时序控制表上报

表 8-1　施工供应商综合能力评价体系及评价标准

序号	评估维度	一级指标	二级指标	标准分	评估内容	评分标准	数据获取及验证	实得分
1	供应商基本素质	1.1 基本情况	1.1.1 从业时间	3	施工供应商在省内从事技改大修类项目的年限	基于行业水平归一化后获得的标准分	2	
			1.1.2 基地情况	8	施工供应商在工作地有无基地及基地规模	(1) 在本地有基地，加 5 分。(2) 基地占地面积每增加 500m² 加 0.5 分，上限 3 分	2	
			1.1.3 企业归属地市	0	施工供应商主营业务所在地市	—	3	
			1.1.4 纳税	0.5	施工供应商纳税情况	有偷税漏税情况扣除 0.5 分	3	
		1.2 人员、班组及器具情况	1.2.1 人员情况	3	项目经理、造价员等岗位的人数及资质情况	基于行业水平归一化后获得的标准分	2	
			1.2.2 班组情况	3	作业班组数量、班组负责人等人员配置情况	基于行业水平归一化后获得的标准分	2	
			1.2.3 大型器具情况	0.5	施工供应商所有的大型施工器械情况	施工供应商自持有大型器械每台（套）加 0.1 分，上限 0.5 分	2	
		1.3 思想建设情况	—	1	施工供应商内部人员定期开展组织生活，无作风问题	近 5 年内，施工供应商发生违法乱纪事件，此项不得分	4	
2	供应商核心素质	2.1 应急响应能力	—	10	施工供应商对突发事件和紧急任务的快速响应能力	近 5 年内，施工供应商每承担 1 项生产抢险任务，加 1 分，最多加 10 分，须出具相关支撑佐证材料，并获得地市/省公司认定	4	
		2.2 行业贡献与表彰	—	15	施工供应商获得地市公司和省公司相关部门的表彰、奖励以及感谢信	近 5 年内，施工供应商每获得 1 项地市公司表彰加 1 分；每获得 1 项省公司表彰，加 3 分。须出具相关佐证材料，并获得地市/省公司相关部门认定	4	
		2.3 进度控制能力	—	5	施工供应商在做技改大修项目时按里程碑计划的完成情况	近 5 年内，施工供应商未按里程碑要求完成 1 项项目，由地市公司酌情扣除 0~0.5 分	4	
3	供应商项目整体完成度	3.1 工程质量情况	—	0.5	施工供应商完成的项目是否出现质量问题	施工过程出现质量问题每项扣 0.1 分，上限 0.5 分	4	
		3.2 环保	—	0.5	施工供应商在项目实施过程中是否遵守环评要求	施工过程出现环评问题每项扣 0.1 分，上限 0.5 分	4	
		3.3 违章	—	0.5	项目施工期间，违章发生情况	施工过程出现违章事件每项扣 0.1 分，上限 0.5 分	4	

续表

序号	评估维度	一级指标	二级指标	标准分	评估内容	评分标准	数据获取及验证	实得分
4	供应商经济分析	4.1 省内技改大修项目总额及总数	—	11	省内每一年所接过的电网技改大修类项目的总数及金额总额	基于行业水平归一化后获得的标准分	1	
		4.2 净利润	—	0.5	施工供应商每一年通过承接技改大修类项目盈利的金额	基于行业水平归一化后获得的标准分	3	
		4.3 省内电网类项目总额	—	1	从省公司承接的各类项目总金额	基于行业水平归一化后获得的标准分	1	
5	供应商施工安全分析	5.1 安全稽查扣分	—	10	风控系统中安全稽查扣分情况	近5年内，每年出现风控系统中安全稽查扣分率归一化后获得的标准分	1	
		5.2 通过安全考试人数	—	5	参与技改大修项目开工前经过安全培训并通过考试的人员数	基于行业水平归一化后获得的标准分	1	
6	基于流程的施工项目完成情况分析	6.1 前期准备	6.1.1 人员资质情况	0.5	项目实施前，施工供应商相关资格证明的人员持有情况	施工项目部应配备施工项目经理、技术员、安全员、质检员、造价员、信息资料员、材料员、施工协调员等管理人员，一个施工项目部原则上不宜少于5人，项目经理和安全员不得兼任其他岗位。不满足上述要求，扣0.5分	4	
			6.1.2 物资设备配置	0.5	施工供应商项目部的办公区配置和施工及安全工器具配置	项目实施过程中，施工项目部配备满足工作需要应配备施工检测设备、安全工器具、个人防护用品。均应取得检验合格证，并在有效期内使用。不满足上述要求，扣0.5分	4	
			6.1.3 项目管理策划	0.5	省制《工程项目施工安全管理及风险控制方案》《工程项目施工进度计划》《工程停电需求计划》并报审上传全过程管控系统	（1）项目开工前，编制《安全质量总体策划方案》、编制《施工安全管理及风险控制方案》并报审，上传至全过程管控系统。（2）按照业主项目部制定的《工程项目里程碑计划》《工程项目施工进度计划》编制批次《工程项目施工进度计划》并报审，上传至全过程管控系统。（3）编制《工程停电需求计划》并报审，上传至全过程管控系统。不满足上述要求，扣0.5分	4	

续表

序号	评估维度	一级指标	二级指标	标准分	评估内容	评分标准	数据获取及验证	实得分
6	基于流程的施工项目完成情况分析	6.1 前期准备	6.1.4 开工管理	0.5	施工供应商开工前准备情况	（1）在业主项目部的组织下，完成设计、安全技术交底和施工图会检工作，组织主要施工项目负责人现场勘察，进行设计、安全技术交底和施工图预检，履行交底手续，填写现场勘察记录。 （2）参与开工前期原材料进货检验验收设备、原材料进货检验（开箱检验）、试验、见证取样，负责物资领用、保管工作并报审。 （3）按照《施工进度计划》统筹安排施工力量，分包队伍和人员纳入施工供应商统一管理。填写所选用管理人员和特殊工种作业人员（含分包人员）资格报审表，并上报监理项目部审批。 （4）执行项目管理实施规划中安全文明施工情况及配置要求，报监理、业主项目部确认。 （5）编制单项工程施工方案，并完成报编、审批工作。不满足上述要求，扣0.5分	4	
		6.2 施工能力	6.2.1 项目管理	1.5	施工供应商在施工期间按要求完成项目的情况	（1）严格按照施工里程碑计划节点要求开展工程施工。里程碑计划执行滞后超过10%应及时报监理、业主项目部。 （2）严格执行工程款支付，下次拨付工程款之前，必须提供上次工程施工人员工资支付凭证。 （3）按时参加业主、监理组织的工程例会或专题协调会。 （4）监理下达工程暂停令时，按要求做好相关工作，待停工因素全部消除后，提出工程复工申请。 （5）施工过程资料应录入配电网工程全过程管控系统。重点做好隐蔽工程，竣工验证单、开工报审单、工程签证单、施工合同、物资耗用清册等资料整理录入工作。不满足上述要求，每项扣0.3分	4	

续表

序号	评估维度	一级指标	二级指标	标准分	评估内容	评分标准	数据获取及验证	实得分
6	基于流程的施工项目完成情况分析	6.2 施工能力	6.2.2 质量管理	1.5	施工供应商在施工期间对施工质量的落实情况	（1）质量控制管理，不会出现以下情况：①基础未按要求达到埋深、夯实加固、灌浆、加装"三盘"（底盘、卡盘、拉盘）等影响工程安全问题的情况；②电气设备安装错误，如未正确选择对应的接地共连用裸导线，并装对应线夹子绑扎使用裸导线、绝缘护套处未恢复电气安装部分测量参数不在规定范围内，如接地电阻测量值超过规定大角度与规定安装角度偏差过大等情况；③电气安装部分测量参数不在规定范围，熔断器安装角度与规定安装角度偏差过大等情况。 （2）设备材料检查，自购原材料应经监理项目部见证取样、送检。设备材料交接验收及开箱检查，参加甲供设备材料交接验收应经监理项目部见证取样、送检。 （3）质量验收管理，对验收发现的缺陷进行消缺和整改。质验收工作，配合建设管理单位开展竣工验收工作，对验收发现的缺陷进行消缺和整改。不满足上述要求，每项扣0.5分	4	
			6.2.3 造价管理	1.5	施工供应商在施工期间内工程量管理、进度款管理、设计变更与现场签证的情况	（1）工程量管理，工程竣工后3个工作日内，向设计单位提交经监理确认竣工草图，配合设计单位编制施工工程量计算单位编制施工工程量目部审核。 （2）进度款管理，按进度编制进度款报审表。设备、材料到货验收现场需有签署意见。 （3）设计变更与现场签证，需设计变更的项目，应及时提交设计变更联系单，配合完成设计变更手续。不满足上述要求，每项扣0.5分	4	
			6.2.4 安全管理	1.5	施工供应商在施工期间对施工安全的落实情况	（1）开展风险作业管控系统应用，按要求编制日、周作业计划，办理"两票"。 （2）开展标准化作业现场创建，按标准化作业现场布置。 （3）经常检查现场安全措施落实情况。 （4）加强分包人员管理，现场施工人员与"两票"人员须一致。		

续表

序号	评估维度	一级指标	二级指标	标准分	评估内容	评分标准	数据获取及验证	实得分
6	基于流程的施工项目完成情况分析	6.2 施工能力	6.2.4 安全管理	1.5	施工供应商在施工期间对施工安全的落实情况	(5) 对发现的问题，应及时完成闭环整改。(6) 工程开工后，应至少组织一次应急演练，按规定编制应急预案。符合上述要求，每项加0.3分，上限1.5分	4	
		6.3 结算能力	6.3.1 工程结决算	1	工程竣工后各项费用的结决算情况	(1) 单项工程竣工投产后1个月内，编制施工结算书并报业主、监理项目审核。(2) 单项工程完工后，结余物资应退、废旧物资应回收。(3) 及时完成审计问题整改。不满足上述要求，扣1分	4	
			6.3.2 工程档案移交	1	工程竣工后档案移交管理情况	工程竣工后一个月内，按照《国家电网公司关于进一步加强农网工程项目档案管理的意见》（国家电网办〔2016〕1039号）规范完成施工资料的收集整理并归档。不满足上述要求，扣1分	4	
7	基于不同类型的项目适应度分析	7.1 变电运检施工能力	变电运检项目数目	12	—	设基于行业水平归一化标准分计算值，获得最大值、最小值，变电、输电、直流的最大值、中值、最小值分别为a、b、c。有施工供应商的施工能力分值中，最大值、中值、最小值分别为a、b、c。施工能力总得分为$S=9a+2b+1c$	1	
			变电运检项目金额					
		7.2 输电运检施工能力	输电运检项目数目					
			输电运检项目金额					
		7.3 直流运检施工能力	直流运检项目数目					
			直流运检项目金额					
8	加分项	8.1 新技术新材料		3	指在项目施工过程中，使用新技术与新材料的情况	项目实施过程中，应用《国家电网公司依托电网工程基建新技术推广应用实施目录》等相关文件中所规定的新技术，每项加1分，上限3分	2	
		8.2 获得工程荣誉	—	5	指施工供应商做过的项目曾获得优质工程相关荣誉情况	项目获市级优质工程及相关奖励，每项加1分；获得省级及以上优质工程及相关奖励，每项加3分，上限5分	2	
		8.3 入选优秀项目部		2	指施工供应商入选省公司"十佳优秀施工项目部"情况	项目部入选省公司"十佳优秀施工项目部"，每项加1分，上限2分	2	

至有关部门备案。各项目管理单位按月提交进度表，阐述项目进度滞后的原因及项目实施中存在的问题和困难。项目进度滞后达到 1 个月，对项目管理单位下发预警督办通知单。各单位及时核查原因后填报预警督办反馈单，并在限期内进行整改。进度滞后超 2 个月，对技改大修项目管理单位主要负责人进行约谈。

5. 验收阶段

收集各项基础资料，为工程结算提供依据，包括：工程是否竣工验收合格，竣工结算审核，现场签证、设计变更以及隐蔽验收记录，价差调整计算是否符合要求，及时清理债务以及债权，全方位审核各项资金的支出，做好实物资产的全面清点工作，做好预留费用以及尾工工程的清理工作，不要遗漏辅助以及配套设施。

6. 监理管理考核

加强对监理单位的管理考核，要求监理单位每月上报监理月报，反映技改大修项目安全、质量监理成果，提出监理过程中存在问题及建议，并由电网企业及时协调解决。

三、实施管理

1. 明确项目管理主体

项目管理单位应充实项目管理人员，落实组织协调责任，根据项目涉及作业分类（作业按停电检修范围、风险等级、管控难度等情况分为大型检修、中型检修、小型检修、单一作业四类）强化项目实施管理，其中涉及大型检修的项目成立领导小组及现场指挥部，涉及中型检修的项目成立现场指挥部，其他项目可由班组直接开展项目管理。领导小组负责检修施工过程中重大问题的决策，现场指挥部负责现场总体协同以及检修全过程的安全、质量、进度、文明施工等管理。

2. 明确项目实施方式

项目可研阶段，各单位应结合专业重点工作，合理选取自主实施项目清单，稳步推进项目自主实施。对于勘察、设计、监理、施工等工程建设以及消防等有企业资质准入要求的项目，在不满足相应经营范围和特定资质要求的情况下，不得自主实施。在实施过程中，定期和不定期进行项目进展情况的监测，通过对目标、过程和活动的跟踪，全面、及时、准确地掌握有关信息；对比分析实际状况与所制定计划之间的偏差，依据偏差情况决定是否采取纠正措施；如果偏离了目标和计划，就需要采取纠正措施，或改变投入，或修改计划，使项目能在新的计划状态下进行。项目实施流程如图 8-2 所示。

3. 强化业主项目部职责

对于外包项目，项目管理单位应成立业主项目部，并实行项目经理负责制，通过计划、组织、协调、监督、评价等方式，推动项目按计划顺利实施，实现工程安全、质量、进度、造价和技术等各项控制目标。业主项目部应配备业主项目经理、技术管理、安全管理、质量管理、项目（进度）管理、技经管理物资协调、资料管理等专（兼）职管理人员。业主项目部组建人数由各项目单位根据实际情况确定，一般最低不少于 5 人。

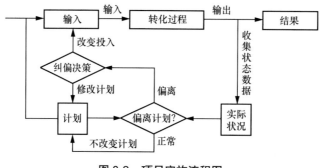

图 8-2　项目实施流程图

4. 强化项目管理团队建设

对于自主实施项目，可按照项目检修作业类型及要求组建项目管理团队，明确项目负责人及安全和质量等相关管理人员，组建施工作业班组，确保项目安全优质规范实施。

四、项目风险管控

1. 前期管理

项目前期是指根据生产技改大修项目全过程管理要求，在项目计划下达之前所开展的相关工作。项目前期阶段包括项目需求申报、可研编制、可研审批、储备入库四个环节工作。

2. 计划管理

计划管理是指对电网企业项目储备、计划编制、审批、下达、执行、检查、调整、考核（考评）等全过程管理，是电网企业战略目标及发展规划顺利实施的重要保障，是促进电网企业化运作、集约化发展、精益化管理、标准化建设的重要抓手。

3. 建设管理

建设管理主要是指为强化项目执行过程管控，项目管理单位对技改大修项目全过程安全、质量、进度监控，规范项目实施管理，严格执行项目单位负责制、招投标制、工程监理制（或三级验收制）、安全管理工作。

4. 结算管理

生产技改大修项目结算是指依据合同约定，对项目的前期、审批、实施、验收、投运等项目全过程中的设计、施工、监理、咨询、技术服务、设备材料供应、项目管理等建设费用结算的活动，是对包括建筑工程费、安装工程费、拆除工程费、设备购置费以及其他费用在内的工程费用全口经结算。

5. 决算管理

项目决算环节的主要业务包括项目管理单位完成决算资料的收集、整理，按时限要求及时提供有关资料，配合财务、审计部门完成工程竣工决算工作。

第三节　典　型　应　用

一、构建项目信息化管理平台

在当下的信息化时代，能够最快最好地将企业和组织的管理模式进行实际推广应用的方式就是利用信息化手段，建立相对应的管理系统或平台，将无形的制度通过系统实现可视化、模式化，通过制度手段予以强制推广，从而实现管理模式的实际应用。

项目管理平台的构建过程，是电网企业项目管理过程优化和应用推广的关键，是将基于全寿命周期管理理念的项目管理过程方法通过制度、流程以及评价体系的方式应用于项目管理的转换过程。

项目管理平台构建过程中，平台所包含的管理流程必须严格按照全寿命周期项目管理模式进行优化改进，管理过程中所涉及的控制节点要在系统中通过流程电子化明确并严格地体现出来。为了实现内部数据的安全传递，整个系统信息传递过程都通过电网企业内网实现，使各项目单位在使用过程中无延迟干扰，各类流程的审批和文档提交能做到实时传递。因项目管理所涉及的报表、管控内容和项目文档种类复杂多样，平台系统要具备信息化交换数据类型的良好兼容性，实现数据传递无缝兼容；由于后续管理需求的变动，系统今后可能面临着升级和功能扩展，这要求系统的技术架构要有着良好的拓展性。由于后续公司的多项目管理过程中的日常管理工作，都需要逐步通过电子化实现网上办公、无纸化传递，因此系统要具有较强的稳定性。特别是项目管理评估和分析工作开展时，需要在系统中做大量的指标分析和评分录入工作，所以更要求系统稳定。

项目管理平台必须以企业目前的战略管理制度、项目制度建设为基础，以管理流程优化和再造为主导，使得企业的管理理念和模式能够通过流程真实还原到信息系统当中。因此，做好系统流程审核平台是实现全生命周期多项目管理系统的重中之重。同时，系统还要具有较为专业的数据录入、数据导出功能模块。在此基础上，项目管理平台还需要在设计上符合简洁、直观，便于使用的要求。

经过前期方案初步开发和模拟设计，得到了如图8-3所示的项目管理-档案管理系统界面，可以作为后续系统平台整体应用界面的参考，以期将项目储备、执行、竣工、后评估等各环节整合，优化项目管理模式，为电网企业项目管理新业态、新模式和新技术的发展提供有效支撑。

目前，部分电网企业基于全寿命周期的多项目管理信息系统平台已经处于前期使用阶段，且在不断地优化和改进。

二、建立项目管理风险管控措施强化质量管理

（1）根据管理现状调研情况，借助编制电网生产技改和电网设备大修管控及风险防控工作手册的有利契机，对生产技改大修工程全流程再梳理、再优化、再规范，结合电网企

业管理实际，补齐内部管理短板。实际执行中，严格依照国家、行业和上级有关技术改造的方针政策、法律法规、标准、规程、制度等，结合项目风险评价与控制理论，全面分析电网技术改造、设备大修项目的特点，研究技改大修项目管理中安全、质量、进度、合同、投资控制等方面存在的风险特征，对电网技改大修项目可能特有的风险因素进行识别，并针对风险点的产生原因，开展电网企业技改大修项目管理典型风险辨识和控制要点编制。

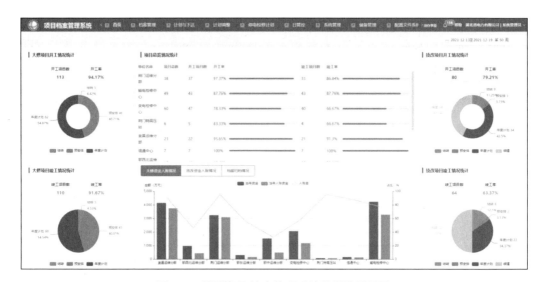

图 8-3 项目管理-档案管理系统的设计效果图

（2）建立了技改大修项目全流程管理六大阶段中第一阶段"项目前期"的风险防控机制，项目前期四个环节易发问题应对策略及措施（4 环节共 35 个风险点）见表 8-2。

表 8-2　　　　　　　　　　项目前期四个环节易发问题应对策略及措施

风险点	风险应对策略	对应措施	措施责任人
一、项目需求申报			
大修项目列为技改项目	风险控制	加强需求规模审核。着重区分是否形成独立固定资产，是否更换、新增设备组部件，大修费用是否超过资产原值的 50%，如是，应列为技改项目	业主项目负责人、设计单位主设、专业审查人员
电网基建项目列为技改项目	风险控制	加强需求规模审核。涉及整站、整线和扩大电网规模、提高输电能力的整变、整间隔改造列为电网基建项目	业主项目负责人、设计单位主设、专业审查人员
小型基建、非生产技改大修项目列为技改大修项目	风险控制	加强需求内容审核。为企业生产经营服务的调度控制、生产管理、运行检修、营销服务、物资仓储、科研实验、教育培训用房和其他非经营性生产配套设施的新建、扩建和购置。非生产性技改、大修项目是指各单位非生产性房屋（办公用房、会议中心、培训中心、医院、独立车库）及其配套设备设施改造、维修项目列为小型基建项目	业主项目负责人、设计单位主设、专业审查人员
营销项目列为技改大修项目	风险控制	加强需求内容审核。用电营业、电能计量、市场与能效、智能用电、供电服务等方面投入，含计量中心和营业网点等营销用房的修缮（包括墙面粉刷等）投入列为营销项目	业主项目负责人、设计单位主设、专业审查人员

续表

风险点	风险应对策略	对应措施	措施责任人
零购项目列为技改大修项目	风险控制	加强需求内容审核。在公司固定资产目录内未纳入工程项目管理、可以独立发挥作用且无建筑安装工程量的仪器仪表、工器具及运输工具等固定资产列为零购项目	业主项目负责人、设计单位主设、专业审查人员
信息化项目列为技改项目	风险控制	加强需求内容审核。一体化平台、业务应用、信息化保障体系建设改造等投入列为信息化项目	业主项目负责人、设计单位主设、专业审查人员
日常费用项目列为大修项目	风险控制	加强需求内容审核。日常运维管理和设备的巡视、清扫（含带电水冲洗）、保养、试验、检测、调试、标识维护，工器具及试验用仪器仪表检测、校验，线路走廊伐树、变电站锄草、除雪，车辆检测、保养等费用列入日常费用	业主项目负责人、设计单位主设、专业审查人员
将国网资产纳入华网或省公司项目申报	风险控制	加强资产卡片信息复核及实物"ID"信息应用。根据项目需求规模及内容，逐项查询设备资产属性	业主项目负责人、设计单位主设、专业审查人员、实物资产管理人员
将华网资产纳入国网或省公司项目申报	风险控制	加强资产卡片信息复核及实物"ID"信息应用。根据项目需求规模及内容，逐项查询设备资产属性	业主项目负责人、设计单位主设、专业审查人员、实物资产管理人员
将省公司资产纳入国网或华网项目申报	风险控制	加强资产卡片信息复核及实物"ID"信息应用。根据项目需求规模及内容，逐项查询设备资产属性	业主项目负责人、设计单位主设、专业审查人员、实物资产管理人员
项目需求依据不充分	风险控制	加强需求审核，需求提报中逐项列出对应的储备原则及重点	业主项目负责人、设计单位主设、专业审查人员
二、可研编制			
应合并项目拆分立项	风险控制	同一系统的不同功能和不同阶段的升级、改造、大修不应拆分立项。减少复杂度，降低工作量	业主项目负责人、设计单位主设、各级专业审核人员
应拆分项目合并立项	风险控制	合并立项的项目应在项目可研中列举设备明细和具体方案、规模，不同单位的项目不能合并立项	业主项目负责人、设计单位主设、各级专业审核人员
项目信息不全	风险控制	所申报的项目必须按照《生产技术改造和设备大修项目编报规范》相关要求进行填报。项目名称、分类、资产性质界定准确；项目内容应描述设备现状，明确改造或大修的方式、范围和规模等，除生产技改备用项目包外，不允许在项目内容未确定的情况下，采用资金切块等方式列储备项目	业主项目负责人、设计单位主设、各级专业审核人员
专业细分划分错误	风险控制	专业细分为项目所涉及的设备所对应的专业。各设备的专业归属，以公司总部各专业管理处室的管理界面为准。同一项目内不同专业的设备配合改造时，以主要设备的专业为准	业主项目负责人、设计单位主设、各级专业审核人员
电压等级填写错误	风险控制	项目电压等级应按项目内容所涉及的设备（设施）的电压等级填写。同一项目涉及多个设备（设施）的，应按照其中最高的电压等级填写，但二次设备配合一次设备立项的，应按一次设备电压等级填写	业主项目负责人、设计单位主设、各级专业审核人员
项目内容要素不全	风险控制	技改大修项目内容应描述设备现状、存在问题、实施方案和主要规模，应连贯、简洁、准确，语句完整。项目内容应明确改造或大修的方式、范围、规模（数量、长度、容量）等，其中线路项目必须明确线路杆塔数、线路条数、线路长度及导地线型号；变电设备应明确具体设备型式、变压器或电容器容量；合并立项的，应列举站线名称（项目可研中应进一步明确设备编号和线路杆塔号）	业主项目负责人、设计单位主设、各级专业审核人员

续表

风险点	风险应对策略	对应措施	措施责任人
项目基本信息总投资与可研批复总投资不一致	风险控制	项目总投资金额应与项目可研批复金额一致	业主项目负责人、设计单位主设、各级专业审核人员
设备应关联未关联	风险控制	对现有设备进行改造或大修的项目应关联现有设备的设备台账，一个项目涉及多个设备的，应逐一进行关联。根据PMS2.0系统应用进度和各设备专业管理要求，未纳入PMS2.0系统管理的设备台账可暂不关联	业主项目负责人、设计单位主设、各级专业审核人员
规模类别错误	风险控制	项目规模为必填项，项目成效为选填项。规模成效中的数量应为项目实施后的数量	业主项目负责人、设计单位主设、各级专业审核人员
项目成效与规模不一致	风险控制	基本信息中的"项目内容""项目规模"应与项目建议书（可研报告）中相应描述保持一致，"项目成效"根据实际情况统计，不大于"项目规模"。一个项目含有多类设备时，应分别统计规模，一个项目可达到多个治理目的时，应分别统计成效	业主项目负责人、设计单位主设、各级专业审核人员
项目可研格式不正确	风险控制	项目可研（即项目可行性研究报告或项目建议书）应符合相应资质、内容和深度等要求，必须按照通用制度中现行有效的模板填写；电网生产技术改造单项投资总额在200万元及以上的项目、电网生产设备大修单项投资总额在100万元及以上的含土建项目（如：隧道塌方修复、建构筑物开裂加固或倾斜纠偏等），以及单项投资总额在100万元及以上的涉及原设计方案变化的项目，应编制项目可行性研究报告；其他项目可编制项目建议书	业主项目负责人、设计单位主设、各级专业审核人员
立项依据选择不准确	风险控制	设备基本情况中应列举全部设备的现状。存在问题及实施必要性需逐设备描述清晰，应根据设备现状和存在问题进行针对性分析。项目立项依据与设备现状问题应该契合，特别是项目建议书中列举的立项依据应与基本信息中的立项依据保持一致，对于同一设备存在多种问题需援引多条立项依据的，应全部列举	业主项目负责人、设计单位主设、各级专业审核人员
方案不合理	风险控制	（1）项目可研应简要论述技术实施方案、停电施工方案、过渡措施方案，技术方案中应逐一明确设备主要技术参数。项目技术实施方案应与设备存在问题和立项依据紧密结合，应具有针对性，能有效解决当前问题。技术参数和设备选型满足当前技术发展要求并适当留有裕度，不得采用落后或已限制使用的设备、技术。项目可研（项目基本信息）中的技术实施方案必须与批复完全一致。 （2）项目技术方案应具备现场实施可行性，停电施工方案应具备实际可行性，对于不需停电实施或带电实施的，应注明"不停电"，不应空白不填。对于需采取过渡方案的，应概述过渡方案，临时过渡方案应注意优化，在满足安全性条件下降低措施费用。 （3）拆除物资处置建议应明确具体。新增项目和不改变设备组部件的项目（如防腐大修、防污闪喷涂）应明确无拆旧，其他项目均应说明拟进行改造或大修的设备（部件）的回收处置范围、技术鉴定意见。 （4）项目可研中设备材料清单须包含主设备材料，且参数必须填写完整，如变压器、导线等物料名称、型号等不能为空。项目可研中的设备材料应尽量与现行物料目录保持一致，项目所需物资应满足当前招标采购要求，不得有明显的非标物料或不在物料目录中的物料，对于确需使用不在物资采购目录中的设备材料的，应注明需申请新增物料	业主项目负责人、设计单位主设、专业、各级专业审核人员

续表

风险点	风险应对策略	对应措施	措施责任人
三、可研审批			
评审单位支撑力量不足	风险控制	与评审单位提前沟通配置足够的评审人员现场评审，确保评审力量充足；省级经研院应加强对各级经研院（所）项目可研评审工作的业务指导；加强各级项目可研评审专家库建设和专业培训	各级设备管理部门计划管理人员、经研院项目负责人
	风险转移	加大对评审单位的考核力度	各级设备管理部门计划管理人员
可研评审把关不严	风险控制	要求专业人员、经研院所全程参与可研审查。重点审查项目工程量、取费标准等细节，对于发现的问题以书面形式反馈审查意见，并要求设计单位按期整改	各级设备管理部门计划管理人员、评审单位专业人员
可研评审人员资历不足	风险控制	要求选派的审查人员具有丰富经验，熟悉项目基本情况，提高可研审查人员履职能力	各级设备管理部门计划管理人员、评审单位负责人
可研整改未完全落实	风险转移	做好可研审查意见的落实反馈跟踪，对完成修改的可研文件及时组织复审	各级设备管理部门计划管理人员、评审单位负责人
越级审批可研	风险控制	按审批权限审批项目：国网总部负责审批规模限上项目及国网总部出资项目可研；华中分部负责审批分部出资规模限下项目可研；省公司负责审批省公司出资规模限下项目可研，其中 200 万元以下项目可由地市公司及直属单位按管理范围开展可研审批	各级设备管理部门计划人员
可研评审质量不高	风险控制	提高项目前期可研报告质量。在项目前期阶段，加强项目可研编制评审工作，重点审核项目可研方案是否满足安全、效能和资产全寿命周期管理要求，项目实施方案及临时过渡方案的可行性、可研深度能否满足，控制可研阶段工程量、估算与可研批复工程规模之间的偏差	各级设备管理部门专业人员、设计单位主设、评审单位负责人
评审及批复意见出具不及时	风险控制	加强评审计划管理，根据评审计划开展可研预审，预审通过后组织开展正式评审，原则上评审现场完成评审意见会签、可研收口及资料提交，原则上评审完成后一周内评审意见完成发文，发文后一周内完成可研批复	各级设备管理部门计划专业人员、各级经研院（所）及评审单位负责人
四、储备入库			
未通过评审意见纳入储备库	风险控制	按管理要求对项目进行专业审查，通过评审的项目纳入储备库	各级设备管理部门计划管理人员、项目申报单位负责人
储备项目未能满足专业要求	风险控制	加强现场勘察工作，收集开展可研所需相关资料，符合现场实际	各级设备管理部门专业管理人员、项目申报单位负责人
评审意见出具时间超过 3 年未从储备库移除	风险控制	对储备库项目滚动修编，并在全面评估的基础上按照轻重缓急进行评分（级）排序，评审意见出具时间超过 3 年从储备库移除	各级设备管理部门计划管理人员
PMS 录入不规范	风险控制	落实储备录入三级复核制，加强项目精益化检查，定期组织开展系统录入规范性自查、交叉检查及抽查工作，并将储备录入规范性纳入设计质量评价和项目申报单位运检绩效评分	项目申报单位项目负责人、设计人员、各级设备管理部门计划管理人员
项目排序不规范	风险控制	各项目单位应根据《生产技改大修储备项目评分定级规则》，落实储备项目排序评分三级复核制，将储备项目划分级别，并在 PMS 系统中评分定级排序，定期组织开展项目排序评分情况复查，严格按照评分进行项目入库管理	项目申报单位项目负责人、设计人员、各级设备管理部门专业管理人员

续表

风险点	风险应对策略	对应措施	措施责任人
重复立项入库	风险控制	如果储备项目入库 3 年仍未实施，设备运行状态及电网环境等外部条件可能会有较大变化，其项目原有必要性、可行性、经济性可能已不满足现阶段相关要求，故对于入库 3 年及以上的储备项目应转出项目储备库，如仍要继续实施，应重新履行入库程序	项目申报单位项目负责人、设计人员、各级设备管理部门计划管理人员

第四节 建 议

项目管理是企业提升战略执行力、提高管理精益化水平、提升资源配置能力的有效手段。作为典型的资金与技术密集型企业，电网企业的项目管理水平直接反映着我国电力行业的项目管理水平。

在后续的项目管理和提升的过程中，也应针对项目员工开展岗位能力培训、项目管理培训、电网企业战略培训等培训工作。项目管理信息化平台的推广由于涉及使用者对于信息化技术手段应用能力的掌握程度问题，所以需要一个较长的时间作为过渡期。在过渡期内，项目的管理必然会经过一段网上办公管理和原有手工模式并存并行的阶段，一是为项目人员逐步熟悉系统应用操作提供时间，二是系统平台本身也需要一段时间去试运行和二次优化。为了保证全生命周期多项目管理系统平台的深度应用和推广，后续还可以寻找具备相应资质、能力和建设管理经验的信息化管理咨询团队，帮助实现系统平台的平稳应用。

事实上，每个项目很可能存在多方面的约束和变化的外部条件。比如，全寿命周期多项目管理过程中的资源优化配置，涉及很多企业外部环境和战略变动引起的评价指标变动，以及管理内容变动，都会引起最终评价结果的偏差，这些问题有待进一步优化。同时，需要领导层给予大力的战略支持、管理支持和制度支持，需要投入相当大的管理成本和风险代价。在实际管理中，多项目的管理过程中可能会遇到的问题多种多样，发生的条件复杂且存在不确定性。在这样的实际管理环境下，就会存在无法按照工作管理规定正常应用和实施的问题，这就需要更加灵活的分析方法，对管理计划进行及时的调整。在后续的管理过程中，引入现代风险管理的理论思想，充分考虑企业多项目实施过程中的不确定性，基于全寿命周期的项目管理，在各关键环节进一步加强风险管控。

第九章 设备质量管控实践

第一节 概 述

一、背景介绍

全寿命周期成本是资产全寿命周期管理深化应用的核心，将全寿命周期成本理论应用到变电站建设工程项目规划设计比选中，探索建立一套科学的设备全寿命周期成本管理方法，通过数据收集和测算，建立合适的计算模型，利用丰富的定量支撑为电网企业的设备资产管理提供有效的现实意见，全面推进全寿命周期成本在设备管理各业务阶段应用，为设计提质，为运维增效，全面服务于电网企业谋快速发展、谋高质量发展的建设格局。

二、工作目的及意义

输变电工程规划计划形成的电网规划、设计选型和设备分类对资产的运行维护成本、检修故障支出、设备寿命年限具有决定性影响。将全寿命周期成本理论应用到输变电工程项目规划设计比选中，运用成本分析法，构建一套通用的基于全寿命周期成本的测算、设计、比对变电站选择应用方案，加强电网基建项目设计方案论证，辅助设计方案全寿命周期成本比选应用，推进通用设计差异化应用，促进变电建设工程全寿命周期管理质效持续提升。电网输变电工程规划设计、设备选型和设备分类对资产的运行维护成本、检修故障支出、设备寿命年限等均具有决定性影响。将全寿命周期成本理论应用到输变电工程项目规划设计比选中，运用成本分析法，构建一套通用的基于全寿命周期成本的测算、设计、比对变电站选择应用方案，加强电网基建项目设计方案论证，辅助设计方案全寿命周期成本比选应用，推进通用设计差异化应用，促进变电建设工程全寿命周期管理质效持续提升。

三、问题与形势

作为国际公认的一种先进管理理念，资产全寿命周期管理的核心是安全、效能、成本综合效益最优。电网实物资产规模大，迫切需要运用全寿命周期的理念和方法，开展电网资产管理，持续提升运营效率。

前期设备全寿命周期成本测算模型的应用范围仅限于试点单位的部分主设备，在存量变电站改造和增量输变电项目新建中未从设备布置方式、接线方式、站址环境、站点地位等方面做深入研究和测算，以下问题也对设备全寿命周期成本全面应用有较大影响：

（1）电网企业基建工程现行规划设计管理模式及现阶段通用设计方案不能完全满足

"好设备"选取需求和后期运维要求，未从设备全寿命周期成本比选的角度支撑项目方案优化选择，导致部分项目一期建设规模过小，变电站接线方式不合理、运行方式受限，给后期运维、检修及扩建工作带来负面影响，增加了计划外保电工作量。

（2）受存量变电站主接线影响，部分间隔故障或检修时停电范围过大，计划外保电工作给公司正常运维带来较大压力，额外付出的安全成本和电量损失也难以一一归集和分摊到每一台设备。

（3）重要用户计划外停电越多，带来社会影响越大，但此类负面效应难以准确折算为经济账归集和分摊到每一台设备。

（4）人员专业能力高低不一、运维单位管理水平参差不齐，引起部分设备因维护不周导致其全寿命周期成本测算失准。

（5）需进一步探索安全、效益和社会影响在全寿命周期成本中的权重，指导全寿命周期成本比选机制的建立和完善，合理运用差异化设计政策来降低设备全寿命周期成本。

第二节 方 法 介 绍

一、全寿命周期成本模型

1. 初始投资成本

项目建设过程中，各项投资成本均通过"在建工程"科目核算，包括建筑成本、安装成本、设备成本和其他费用等。项目决算转资后，各项成本均计入资产原值，故通过资产原值可实现初始投资成本的归集。

因此，对于初始投资成本的归集提出以下两种方案。

方案一：通过 ERP 系统实物资产数据直接获取样本变电站设备的资产原值，对样本变电站的全部设备资产原值进行求和，作为该变电站的初始投资成本。

方案二：通过变电工程项目竣工决算书获取竣工决算数据，以此作为变电站的初始投资成本。

随着变电站的投运使用，对于存在安全隐患、不满足技术要求的设备会进行技术改造，方案一中可能涵盖了设备后期技术改造的投资成本。

2. 运维检修成本

目前，大部分采用通用设计方案的变电站运行年限均不足 40 年，因而无法直接通过现有变电站运行数据直接测算出全寿命周期的运维检修成本。基于生产成本精益管理现状及运维检修标准作业库成果，提出以下两种估算方案。

（1）变电站全寿命周期运维检修成本估算方案。

方案一：以实际运维检修成本为基础，追溯投运年限分别在 1～40 年的变电站当年的运维检修成本，组合形成变电站 40 年运维检修成本。

变电站的运维检修成本与其运行状态有关，不同设计方案变电站全寿命周期检修成本曲线会呈现近似的趋势。以投运年限为基础，分别选取投运年限在 1～40 年的变电站各三个（尽量选取建设规模一致的变电站），通过追溯其当年或邻近一年的运维检修成本，将某一投运年限的三个变电站的运维检修成本取均值，作为变电站当年的运维检修成本，形成变电站 1～40 年运维检修成本曲线，根据运维检修成本曲线拟合得到变电站全寿命周期 40 年运维检修成本函数。

收集采用通用设计方案变电站的历史运维检修成本数据，在预测其全寿命周期运维检修成本时，借鉴上述运维检修成本函数形式，构建通用设计方案变电站全寿命周期运检成本测算模型，即可通过对某一变电站实际历史运维检修成本数据进行参数估计，计算出其 40 年的全寿命周期成本。

方案二：基于运维检修标准作业体系成果，按照标准作业库测算变电站 40 年运维检修成本。

电网企业每年会结合实际运维检修工作对运维检修标准作业体系进行修编，基于运维检修标准作业库，统计不同变电设备的标准作业内容、作业频次、作业定额、装置性材料费，根据 PMS 系统统计不同通用设计方案变电站的变电设备数量均值，再根据变电设备的作业频次、作业数量、作业定额、设备数量均值，测算得到不同通用设计方案变电设备全寿命周期 1～40 年的运维检修成本。

（2）标准运维检修成本估算。基于运维检修标准成本体系，测算变电站全寿命周期运维检修成本，测算过程如下。

计算第 i 年第 j 项运维作业成本：

$$CO_{ij} = f_{ij} \times act\_q_j \times q_j \times equ\_num_j$$

式中：CO_{ij} 为第 i 年第 j 项运维作业总成本；f_{ij} 为第 j 项运维检修作业第 i 年作业频次；act_q_j 为第 j 项作业的数量；q_j 为第 j 项运维检修作业定额；equ_num_j 为某变电站进行第 j 项作业的设备数量。

计算第 j 项运维作业 40 年总成本：

$$CO_j = \sum_i^{40} CO_{ij}$$

计算年均运维成本：

$$A_{C2} = \frac{1}{40}\sum_j^{104} C2_j + \sum_v^{25} inst_v \times equ\_num_v$$

式中：A_{C2} 为年均运维作业总成本；$C2_j$ 为第 j 项运维作业 40 年总成本；$inst_v$ 为年均装置性材料费，equ_num_v 为某变电站进行第 v 类设备数量。

3. 故障成本

变电站设备故障处置成本和检修成本相关作业记录是合并统计的，无法进行准确的划分，可将故障抢修费合并至检修成本。电网"N–1"原则使得电力系统中任一元件发生故障断开后仍能保证系统稳定并持续供电，未来对于重要客户赔偿在故障成本中的占比将逐渐减少直至趋近于零，故负荷损失作为变电站全寿命周期成本故障成本。

负荷损失是由于电网设备短缺或其他原因导致系统无法满足负荷供应所造成的损失，计算公式如下：

$$CF = FR \times L \times DUR \times \alpha$$

式中：FR 为变电站全寿命周期内的故障频次，L 为负荷；DUR 为停电时长；α 为平均电价。

4. 报废成本

设备报废后其配件、原料等还可以回收作其他用途，即使进行报废处置，仍然可以给电力企业带来不菲的收入。在计算时，该部分成本往往为负数，即通过合理的处置可以减少全寿命周期成本的总额。报废成本的估算如下：

$$CD = -CI \times \beta + CI \times \gamma$$

式中：β 为报废折现率（报废折现率是指固定资产报废处置时得到的残值占固定资产原值的比率，一般为5%左右）；γ 为设备处置所需费率。

二、典型变电站全寿命周期成本测算模型

由于变电站全寿命周期时间跨度长，所以，在全寿命周期的费用计算时，需要考虑资金的时间价值，将不同时期的资金折算到同一时期内，进行有效的比较，最后选择费用最小者为经济方案。

由于变电站项目的建设属于一个地区的国民建设项目，变电站的建设也会占用大量的资金，因此采用社会折现率进行计算较为合理，社会折现率依据《建设项目经济评价方法与参数（第三版）》取8%。

为了使不同时期的资金具有可比性，通常将资金折算为现值、终值、等额年金三种：现值，也称折现值，用以反映投资的内在价值，是指未来某一时点上的一定量现金折合到现在的价值，即某一特定时间序列起点时的价值，俗称"本金"，通常记作 P；终值，又称将来值或本利和，是指现在一定量的资金在未来某一时点上的价值，即某一特定时间序列终点时的价值，通常记作 F；等额年金，是指发生在（或折算为）某一特定时间序列各计息期末（不包括 0 期）的等额支付系列价值，通常记为 A。

等额分付资本回收是指初始投资 P 在利率 i、回收周期数 n 为定值的情况下，每期期末取出的资金为多少时，才能在第 n 期期末把全部本利取出，即全部本利回收，计算方法如下。

根据等额分付现值的一般公式：

$$P = A \frac{(1+i)^n - 1}{i(1+i)^n}$$

可推出等额分付资本回收公式：

$$A = P \frac{i(1+i)^n}{(1+i)^n - 1}$$

式中：$\dfrac{i(1+i)^n}{(1+i)^n - 1}$ 为等额分付现值系数的倒数，称为等额分付资本回收系数。

不同变电站的运行年限不一致，无论是折算为初值还是终值都只能使变电站自身全寿命周期内发生的成本具有可比性；但变电站之间仍不在一个时间维度，因此采用等额分付资本回收法同时解决变电站自身以及变电站之间的时间维度不统一问题，也可采用全寿命周期成本等年值作为方案比选中经济比选的衡量标准。

因此，变电站全寿命周期成本等年值模型为：

$$A_{\mathrm{CI}} = P_{\mathrm{CI}} \frac{i(1+i)^n}{(1+i)^n - 1}$$

$$A_{\mathrm{CO}} = \frac{i(1+i)^n}{(1+i)^n - 1} \sum_{i=1}^{n} P_{\mathrm{CO}_i}$$

$$A_{\mathrm{CM}} = \frac{i(1+i)^n}{(1+i)^n - 1} \sum_{i=1}^{n} P_{\mathrm{CM}_i}$$

$$A_{\mathrm{CF}} = \frac{i(1+i)^n}{(1+i)^n - 1} \sum_{i=1}^{n} P_{\mathrm{CF}_i}$$

$$A_{\mathrm{CD}} = 5\% \times P_{\mathrm{CD}} \frac{i(1+i)^n}{(1+i)^n - 1} = 5\% \times A_{\mathrm{CI}}$$

$$A_{\mathrm{LCC}} = A_{\mathrm{CI}} + A_{\mathrm{CO}} + A_{\mathrm{CM}} + A_{\mathrm{CF}} + A_{\mathrm{CD}}$$

三、构建基于全寿命周期成本的变电站规划比选模型

在电网工程项目规划设计过程中，为满足项目、资金要求，每项工程一般都会同时设计多个方案。好的设计方案一方面能够降低造价、缩短工期，另一方面也有利于工程的各方面协作顺畅。所以，采用合理有效的评价方法对方案开展衡量和评价，不仅可以提升工程管理运营效率，更是能为工程后续的物资采购、合同管理、队伍管理、计划管理、风险预控、材料及设备选型等方面给予帮助。

对于电网网架结构或者新建变电站接入系统方案比选等这一类系统层面的分析和应用，需详细计算安全、效能和成本指标，综合选择安全、效能和成本最优的方案。对于输电线路截面选型、变压器容量选择等这一类设备层面的应用，可不计算安全性指标，只需要计算效能和成本指标，综合选择效能和成本最优的方案。对于变电站建设型式（简易站或普通站）选择、变电站电气布置方案（AIS 或 GIS 方案）选择这一类应用，除可不计算安全性指标外，由于各方案达到的效果或效能基本相同，效能指标也无须计算，因此决策模型降维后变成综合选择全寿命周期成本最优的方案。

变电站 GIS 布置方式不同，不仅体现在全寿命周期成本这一直接经济性因素上，也体现在环境影响、社会效益等隐性成本方面。本书在测算变电站全寿命周期成本的基础上，考虑到影响变电站全寿命周期成本的外部隐性因素，如噪声处理成本、运维难易程度等，通过改进的密切值法量化隐性成本因子，进一步对设计方案全寿命周期成本进行修正，对比修正后的全寿命周期成本以比选最优的设计方案。

隐性成本反映变电站在初期建设时对环境、社会的间接影响，以及后期运行时运维检修难易等方面的影响。隐性成本不直接表现为资金成本，难以计量，因此本书将这些隐性成本转化为一个对直接资金成本的影响因子，加入变电站全寿命周期成本的计算中，对于环境成本、社会效应等非直接成本因素，建立变电站 GIS 布置方式比选指标体系，通过对不同比选方案的隐性成本影响因素进行综合评价来确定隐性成本影响权重，再将其加入变电站全寿命周期成本比选模型中进行总成本的计算。

根据影响变电站不同 GIS 布置方式全寿命周期成本的隐性因素，在全面性、系统性、可比性、科学性与可行性相结合原则的基础上，建立隐性成本因子评价指标体系，如图 9-1 所示。

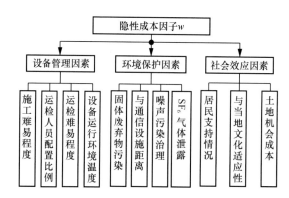

图 9-1 变电站 GIS 布置方式规划比选隐性成本评价指标体系

变电站 GIS 布置方式比选隐性成本因子指标有定性和定量的指标，为确保指标权重的客观性，采用熵权法计算指标的权重。

1. 基于熵权法的指标权重计算

信息熵理论起源于热力学，最初由香农引入到信息系统。信息熵表达随机变量取值的不确定性程度，用以刻画信息量的多少。熵权法是确定多指标综合评价问题中指标权重的有效方法，通过熵权法计算得到指标的信息熵，信息熵值越大说明不确定性大，权重越小；信息熵值越小说明不确定性小，权重越大。

（1）构建原始的影响因子指标矩阵。假定变电站规划设计形成了 m 个待选方案集，隐性成本因子评价指标体系中因素层有 n_1 个因子，因素层对应指标层有 n_2 个指标，合计形成 n 个评价指标，则可以构建 $n \times m$ 阶的影响因子指标矩阵 X：

$$X = \begin{pmatrix} a_{111} & a_{112} & \cdots & a_{11m} \\ a_{121} & a_{122} & \cdots & a_{12m} \\ \vdots & \vdots & \ddots & \vdots \\ a_{rs1} & a_{rs2} & \cdots & a_{rsk} \\ \vdots & \vdots & \ddots & \vdots \\ a_{n_1n_21} & a_{n_1n_21} & \cdots & a_{n_1n_2m} \end{pmatrix}$$

式中：a_{rsk} 为第 k 个（$k=1,2,\cdots,m$）待选方案的因素层第 r 个（$r=1,2,\cdots,n_1$）因素中第 s 个（$s=1,2,\cdots,n_2$）指标的实际值。

（2）影响因子指标矩阵的同向化和规范化。在构建原始影响因子矩阵的评价指标中，既有对隐性成本产生正向作用的指标（即指标越大越好，如居民支持情况、与当地文化适应性等），也有对隐性成本产生负向作用的指标（即越小越好，如运检难易程度、污染排放等）。由于不同评价指标的数量级和量纲不同，为了获得无量纲的规范化矩阵，需要对原始矩阵进行标准化处理。

为了将指标量纲进行统一，采用模糊数学中的相对劣化度对评估指标进行归一化处理。相对劣化度是用于表征指标实际数据与注意状态相比时的劣化程度，其取值一般在 0～1 之间。

对于测量值越小越好的指标，计算公式为：

$$x_{rsk} = \frac{a_{rsk} - a_{\min}}{a_{\max} - a_{\min}}$$

对于测量值越大越好的指标，计算公式为：

$$x_{rsk} = \frac{a_{\max} - a_{rsk}}{a_{\max} - a_{\min}}$$

式中：$k=1,2,\cdots,m$；X_{rsk} 为第 k 个待选方案的因素 f_r 中指标 a_{rs} 的测量值；x_{rsk} 为归一化处理后的结果；$a_{\min}$ 为因素 f_r 中指标 a_{rs} 的最小值；$a_{\max}$ 为因素 f_r 中指标 a_{rs} 的最大值。

标准化后的矩阵为：

$$X' = \begin{pmatrix} x_{111} & x_{112} & \cdots & x_{11m} \\ x_{121} & x_{122} & \cdots & x_{12m} \\ \vdots & \vdots & \ddots & \vdots \\ x_{rs1} & x_{rs2} & \cdots & x_{rsk} \\ \vdots & \vdots & \ddots & \vdots \\ x_{n_1n_21} & x_{n_1n_21} & \cdots & x_{n_1n_2m} \end{pmatrix}$$

（3）确定各指标权重。首先，计算指标信息熵：

$$p_{rsk} = \frac{x_{rsk}}{\sum_{k=1}^{m} x_{rsk}}$$

$$e_{rs} = -\left(\ln m\right)^{-1} \sum_{k=1}^{m} p_{rsk} \ln p_{rsk}$$

式中：m 为待选方案的总数量；e_{rs} 为因素 f_r 中指标 a_{rs} 的信息熵，e_{rs} 越大，说明指标 a_{rs} 的权重越小。

然后，根据信息熵计算各指标层的客观权重：

$$q_{rs} = \frac{1 - e_{rs}}{n_2 - \sum_{s=1}^{n_2} e_{rs}}$$

$$Q_r = \left(q_{r1}, q_{r2}, \cdots, q_{rs}, \cdots, q_{rn_2}\right), 0 \leqslant q_{rs} \leqslant 1 \text{且} \sum_{s=1}^{n_2} q_{rs} = 1$$

式中：n_2 为因素 f_r 包含的指标个数；q_{rs} 为因素 f_r 中第 s 个指标的单个权重值 $(s = 1, 2, \cdots, n_2)$；Q_r 为因素 f_r 对应指标权重向量。

2. 基于密切值法的隐性成本因子计算

密切值法是一种解决复杂多目标问题的有效方法。其原理是将待评价的正向指标和负向指标转化为同向指标，通过数学计算将多维评价指标转化成单一指标，通过计算被评价对象与各评价指标中的最优点和最劣点的欧式距离，即与各评价指标的最优点和最劣点的密切值，通过其密切程度来评价各被评价对象的优劣顺序。密切值法计算灵活简便、结果直观明了、分辨率较高，近几年来已广泛应用于生产建设、科研等相关领域。

（1）确定虚拟的最优点和最劣点。根据各个指标的最高值和最低值来确定虚拟的最好的变电站规划设计方案和最差的变电站规划设计方案，即最优点和最劣点，具体步骤如下。

1）令正向指标的最优值和最劣值分别为：

$$\left(x'_{rsk}\right)_M{}^+ = \min\left\{x_{rs1}, x_{rs2}, \cdots, x_{rsm}\right\}$$

$$\left(x'_{rsk}\right)_M{}^- = \max\left\{x_{rs1}, x_{rs2}, \cdots, x_{rsm}\right\}$$

2）令负向指标的最优值和最劣值分别为：

$$\left(x'_{rsk}\right)_m{}^+ = \min\left\{x_{rs1}, x_{rs2}, \cdots, x_{rsm}\right\}$$

$$\left(x'_{rsk}\right)_m{}^- = \max\left\{x_{rs1}, x_{rs2}, \cdots, x_{rsm}\right\}$$

3）虚拟的最优点和最劣点分别为：

$$\left(X'\right)^+ = \left\{\left(x'_1\right)_M{}^+, \left(x'_2\right)_M{}^+, \cdots, \left(x'_s\right)_m{}^+, \cdots, \left(x'_{n_2}\right)_m{}^+\right\}$$

$$\left(X'\right)^- = \left\{\left(x'_1\right)_M{}^-, \left(x'_2\right)_M{}^-, \cdots, \left(x'_s\right)_m{}^-, \cdots, \left(x'_{n_2}\right)_m{}^-\right\}$$

（2）计算各样本点与虚拟点的距离。计算出各样本点与虚拟点的距离可为变电站规划设计方案隐性成本提供一个定量依据。

第 m 个样本点与虚拟的最优点的距离为：

$$D_k{}^+ = \left\{\sum_{s=1}^{n_2}\left(q_{rs}x_{rsk} - q_{rs}\left(X'_s\right)^+\right)^p\right\}^{1/p}$$

第 m 个样本点与虚拟的最劣点的距离为：

$$D_k^- = \left\{ \sum_{s=1}^{n_2} \left(q_{rs} x_{rsk} - q_{rs} \left(X_s' \right)^- \right)^p \right\}^{1/p}$$

式中：p 为距离系数，采用最常用的欧式距离，即 $p=2$。

（3）计算密切值。对上述距离值进行无量纲处理，即得到各样本点的密切值：

$$E_k^+ = \frac{D_k^+}{\min\limits_{1 \leqslant k \leqslant m} \left| D_k^+ \right|} - \frac{D_k^-}{\max\limits_{1 \leqslant k \leqslant m} \left| D_k^- \right|}$$

$$E_k^- = \frac{D_k^-}{\min\limits_{1 \leqslant k \leqslant m} \left| D_k^- \right|} - \frac{D_k^+}{\max\limits_{1 \leqslant k \leqslant m} \left| D_k^+ \right|}$$

对各样本而言，E_k^+ 越小，E_k^- 越大，说明该样本越接近虚拟的最好的变电站规划设计方案，即该样本的变电站对应 GIS 布置方式的隐性成本越优。

（4）确定隐性成本因子。根据计算得到的密切值确定隐性成本因子，为修正变电站全生命周期成本引入隐性成本。变电站第 k 个规划方案的隐性成本因子可表示为：

$$w_k = \frac{E_k^+}{\sum\limits_{k=1}^{m} E_k^+} + 1$$

式中：w_k 为第 k 个待选方案的隐性成本因子权重；E_k^+ 为第 k 个待选方案的密切值。

3. 修正的全寿命周期成本

通过隐性成本因子对全寿命周期成本进行修正：

$$LCC_k' = w_k \times LCC_k$$

式中：LCC_k 为第 k 个待选方案的全寿命周期成本；LCC_k' 为基于隐性成本的修正全寿命周期成本。

对比不同待选方案的修正全寿命周期成本 LCC_k'，选取修正全寿命周期成本最小的设计方案为最终的建设方案。

第三节 典 型 应 用

一、测算典型变电站全寿命周期成本

为避免因单个样本测算得出的结果具有偶然性而导致结果缺乏代表性，以某一设计方案下的符合要求的所有变电站为测算样本，使全寿命周期成本分析的结果更为客观。以 2 台主变为筛选条件，选取 84 座 110kV 变电站作为典型变电站。

1. 初始投资成本

变电站初始投资成本选择方案一进行测算，即通过 ERP 系统实物资产的资产原值作为该变电站的初始投资成本。ERP 系统中设备资产原值除包含设备本身的购置安装等费用外，还将建筑费及其他费用进行折算后并入。

通过 ERP 系统导出所选取样本变电站的实物资产数据，以变电站名称为索引筛选出所属设备的资产原值，对变电站全部设备资产原值求和作为该变电站的资产原值。

依据等额分付资本回收法计算出的 110kV 变电站不同布置方式初始投资成本等年值见表 9-1。

表 9-1　　　　　　　　110kV 变电站不同布置方式初始投资成本等年值　　　　　（万元）

初始投资	布置方式		
	户外 GIS	户内 GIS	HGIS
初始投资成本等年值	286.40	384.54	309.17
一次设备投资成本等年值	191.43	248.87	234.85
二次设备投资成本等年值	94.96	135.67	75.89

根据 110kV 变电站 GIS 布置方式初始投资成本测算结果，户内 GIS 初始投资成本最高，其次是 HGIS，户外 GIS 的初始投资成本最低。其中，对于一次设备的初始投资成本，HGIS 略高于户内 GIS，户外 GIS 的投资金额最低；对于二次设备，户内 GIS 的投资金额远高于户外 GIS 与 HGIS，其中 HGIS 的投资金额最低。

对于造成不同布置方式初始投资成本差异的原因，结合变电工程实际建设工作，主要原因可能包括：

（1）户内 GIS 变电站建设具有更高的建筑成本，以及户内 GIS 采用电缆出线，电缆线路比户外 GIS 采用的架空出线成本更高，故而将建筑工程费等费用折算至一次设备后，使得户内 GIS 具有更高的一次设备初始投资成本；

（2）户内 GIS 变电站二次设备投资较高，为了保证设备安全稳定运行，户内 GIS 变电站对运行环境及安全监测的要求更高，需要配置相应的辅助设备以及监测装置，使得其二次设备投资成本处于较高水平。

2. 运维检修成本

依据变电运维检修标准作业库，统计不同变电设备的标准作业内容、作业定额及作业频次，测算变电设备全寿命周期运维检修成本。

以 110kV 避雷器为例，其开展金属氧化物避雷器试验（诊断性）检修作业的全寿命周期成本见表 9-2。

表 9-2　　　　　　　　110kV 避雷器检修作业全寿命周期成本测算表

作业序号	设备名称	明细作业名称	每年作业频次
54	110kV 避雷器	金属氧化物避雷器试验（诊断性）	0.1
作业单位	作业数量	定额（元）	年均装置性材料费（元）	设备数量
组	1	91.22	188.33	1

作业序号	设备名称	明细作业名称	每年作业频次
开展检修作业的年限		该项作业检修标准成本（元/次）	
第 10、20、30、40 年		91.22	
40 年标准成本（元）	年均标准成本（元）	年均检修作业成本等年值（元）	
364.88	9.12	197.45	

结合变电设备标准运维检修年均成本、设备数量、作业频次，迭代上述方法测算出每项运维检修作业内容的材料成本，并按作业所属的设备类型计算出设备的运维、检修材料成本，进而得到运维检修年均成本，测算出不同设计方案变电站全寿命周期成本。

运维检修属于日常周期性作业，标准作业库未对户内外 GIS、HGIS 变电站运维检修作业进行详细区分。通过对变电检修工作开展调研可知，在变电站实际运维检修工作中，户内外 GIS 站、HGIS 站运维检修作业频次以及装置性材料使用频次存在一定差异，户外 GIS 站与 HGIS 站运维检修作业频次和装置性材料使用频次一致，均高于户内 GIS 站，即户内 GIS 站的运检周期更长。110kV 变电站不同布置方式全寿命周期运维检修成本测算见表 9-3。

表 9-3　　　　　　110kV 变电站不同布置方式全寿命周期运维检修成本测算表　　　（万元）

运维检修成本	布置方式		
	户外 GIS	户内 GIS	HGIS
年均运维成本等年值	23.66	13.94	24.24
年均检修成本等年值	37.13	35.66	42.38

根据测算结果，户内 GIS 站运维成本与检修成本最小，HGIS 站运维成本与检修成本最高。对于户内外 GIS 站而言，运维成本差异较大，而检修成本相近。为使不同布置方式变电站运检成本的对比客观合理，需通过比较相同设备条件下不同布置方式变电站的运检成本。在对比不同布置方式变电站运维检修成本时，直接将归集至各设备类型的成本进行求和，计算出不同布置方式中，每种设备类型数量均为 1 台的成本，即计算出变电站单位设备的运检成本。户内外 GIS 站、HGIS 站单位设备运检成本见表 9-4。

表 9-4　　　　　　户内外 GIS 站、HGIS 站单位设备运检成本　　　　　　（元）

布置方式	年均检修标准成本	年均检修装置性材料	年均运维标准成本	年均运维装置性材料
户外 GIS	49961.07	50884.69	182354.90	28034.40
户内 GIS	50012.46	45590.31	98403.89	18649.18
HGIS	49895.37	50854.78	182538.72	28034.40

结果说明户内 GIS 站运维检修成本低于户外 GIS 站与 HGIS 站，其中运维成本差异大

于检修成本差异，户外 GIS 站与 HGIS 站年均运维标准成本是户内 GIS 站的 1.85 倍左右，年均运维装置性材料成本是户内 GIS 站的 1.5 倍左右，年均检修装置性材料成本是户内站的 1.12 倍左右。

3. 故障成本

变电站故障的发生在全寿命周期中无周期性规律，随着变电站运行年限的增加、设备老旧，故障发生概率也随之增加。分别统计户内外变电站的故障记录数量，通过计算不同运行年限的平均故障频次用于负荷损失测算。因较长年限变电站的数量较少，对运行年限较长的故障频次采用多项式拟合的方式进行预测。

通过多项式拟合故障频次与投运年限的函数关系，拟合函数、拟合度指标如下。

户内站：

$$Y = -0.0012x^2 + 1.5393x - 6.8435$$
$$R^2 = 0.7669$$

户外站：

$$Y = 0.1092x^2 - 1.2873x + 2.6066$$
$$R^2 = 0.814$$

多项式拟合曲线如图 9-2 所示。

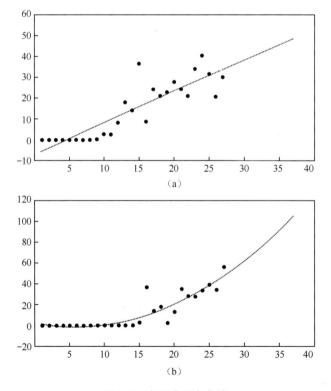

图 9-2　多项式拟合曲线
（a）户内站；（b）户外站

通过 PMS 系统获取 2000~2021 年 110kV 变电站故障记录共计 1367 条，样本变电站故障记录共计 114 条，其中 36 条数据记录了停电时间相关数据。

统计 114 条故障数据中变电设备故障情况，其中，故障主要集中在断路器、隔离开关、母线、主变、组合电器等设备，不同设备类型的故障发生率如图 9-3 所示。

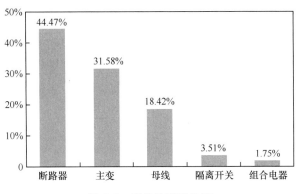

图 9-3　设备故障发生率

收集 36 条数据的故障发生时间与恢复送电时间、变电站额定容量，计算出各变电设备的平均负荷损失费用。其中，组合电器、母线和隔离开关故障的平均负荷损失最高，为 2.38 万元/h，主变平均负荷损失为 2.20 万元/h，断路器平均负荷损失为 2.14 万元/h。基于故障平均负荷损失，并以设备故障发生率作为权重，计算加权平均负荷损失作为变电站的平均负荷损失，故变电站的平均负荷损失为 2.21 万元/h。

典型户内外 GIS、HGIS 变电站全寿命周期故障成本见表 9-5。

表 9-5　　　　　　　典型户内外 GIS、HGIS 变电站全寿命周期故障成本

布置方式	40 年故障次数	40 年故障成本终值（万元）	故障成本等年值（万元）
户内 GIS	53	424	1.64
户外 GIS	126	1009	3.90
HGIS	62	494	1.91

受数据量的限制，故将户内站故障成本作为户内 GIS 站的全寿命周期成本故障成本，户外站故障成本作为户外 GIS 站的全寿命周期成本故障成本测算。110kV 变电站不同布置方式故障成本测算见表 9-6。

表 9-6　　　　　　　110kV 变电站不同布置方式故障成本测算表　　　　　　（万元）

故障成本	布置方式		
	户外 GIS	户内 GIS	HGIS
故障成本等年值	3.90	1.64	1.91

4. 报废成本

报废成本按初始投资成本的 5% 进行估算，则报废成本等年值和全寿命周期报废成本测算见表 9-7 所示。

表 9-7　　　　　　　110kV 变电站不同布置方式报废成本测算表　　　　（万元）

报废成本	布置方式		
	户外 GIS	户内 GIS	HGIS
初始投资成本等年值	286.40	384.54	309.17
报废成本等年值	−14.32	−19.23	−15.46

不同布置方式报废成本比较及其差异化原因与初始投资成本基本一致，户内 GIS 具有最高的报废成本，其次是 HGIS，户外 GIS 具有最低的报废成本。

5. 典型变电站全寿命周期成本曲线

结合典型变电站全寿命周期 $C_1 \sim C_5$ 各阶段成本测算结果，得到不同布置方式变电站全寿命周期成本等年值测算结果，见表 9-8。

表 9-8　　　　　不同布置方式变电站全寿命周期成本等年值测算结果　　　　（万元）

成本等年值	布置方式		
	户外 GIS	户内 GIS	HGIS
初始投资成本等年值	286.4	384.54	309.17
运维成本等年值	23.66	13.94	24.24
检修成本等年值	37.13	35.66	42.38
故障成本等年值	3.9	1.64	1.91
报废成本等年值	−14.32	−19.23	−15.46
全寿命周期成本等年值	336.77	416.55	362.24
40 年全寿命周期成本	13470.8	16662	14489.6

考虑到变电站的实际运行年限，分别测算出不同预计使用年限下的全寿命周期成本等年值，绘制典型变电站不同使用年限全寿命周期成本等年值曲线，如图 9-4 所示。

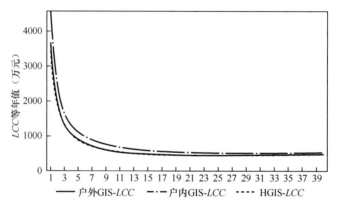

图 9-4　典型变电站不同使用年限全寿命周期成本等年值曲线

从全寿命周期成本来看，户内 GIS 变电站全寿命周期成本等年值最高，为 416.55 万元，主要是由于其初始投资成本较高，但其设备运行阶段的运维检修成本较低。户外 GIS 全寿命周期成本等年值最低，为 336.77 万元，HGIS 全寿命周期成本等年值为 362.24 万元。HGIS 变电站全寿命周期成本较高，主要是因为该公司在运的 HGIS 变电站多为混合布置方式，即对于在运的 AIS 变电站，对其进行技术改造时，将部分间隔改为 HGIS，导致样本变电站中的 HGIS 站其运维检修成本较高。随着使用年限的增加，三种布置方式等年值的差值逐渐减小，并趋于稳定。

二、识别影响变电站全寿命周期成本的关键因素

在变电站全寿命周期成本构成中，初始投资成本约占总成本的 87.6%，其次是检修成本，约占 10.4%。初始投资成本涉及设备购置费、建筑工程费、征地及赔偿费等多项费用，投资高。初始投资成本受负荷中心、供电需求、市政规划等多重因素影响，需要平衡多个目标，是一项非常复杂的投资规划，且多是在项目规划建设阶段的一次性投入，一般较难对其进行优化。设备投运后，即开始对其进行运维检修工作，该工作持续贯穿着设备的全寿命周期，且与运行安全、供电可靠息息相关，其成本支出既有例行检修等常规费用，也有因设备缺陷、故障导致的临时性抢修等费用。运维检修成本与设备质量、运行环境、检修规范性等多个因素有关，有较大的提升改进空间，可对设备本体、运行环境等因素进行差异化分析，以明晰影响设备运维检修成本的关键因素，进一步优化成本精益管理水平。

选取变电容量为 100MVA 的 110kV 变电站作为样本变电站，收集样本变电站 2021 年运维检修成本，计算不同投运年限下的变电站的平均运维检修成本，拟合得到容量 100MVA 变电站不同投运年限的车内运行成本，如图 9-5 所示。

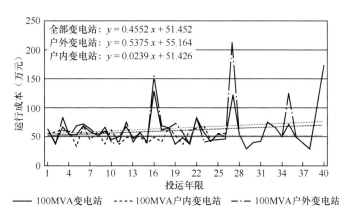

图 9-5 容量 100MVA 变电站不同投运年限的平均运行成本

在变电站的运行阶段，按照设备运维检修工作导则，会周期性地对设备例行检修等，使得全寿命周期内运行成本曲线出现周期性高峰，且随着运行年限的延长，运维检修成本逐渐增加。户外变电站运维检修成本在第 16 年、第 27 年、第 35 年和第 40 年存在明显的

峰顶，将其定义为"大额非常规运行成本"，其周期逐渐缩短。户内变电站的投运年限只有 1～26 年的成本数据，且在 1～26 年内均未出现大额非常规运行成本。假设户内外站大额非常规运行成本出现频率增速一致，且在第 27 年出现第一个大额非常规运行支出，则户内站第二次出现大额非常规运行成本预计会在第 45 年。整体来看，户内变电站的大额非常规运行成本比户外变电站少，全寿命周期内大额非常规运行成本低。

变电站运行成本受多重因素影响，包括设备规模、技术条件、运行情况等内部因素，以及地理环境、气象条件、人员配置等外部因素。梳理可能影响变电站运行成本的因素，采用偏相关分析方法，鉴别变电站运行成本差异的关键因素。

结合 PMS、ERP 系统数据相关收资数据，共计选取了 64 个可能影响变电站运行成本的因素，变电站运维检修成本影响因素示例如图 9-6 所示。

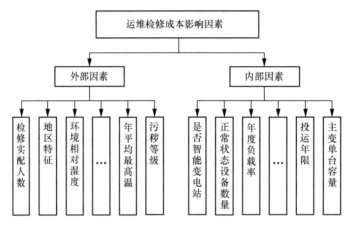

图 9-6　变电站运维检修成本影响因素示例

采用偏相关方法，控制变电站 GIS 布置方式变量，计算影响因素与运检成本的相关系数，识别出平均负载率、最大负载率、污秽等级、年最高温度、年最低温度、年平均湿度 6 个关键因素。运维检修成本与影响因素相关系数矩阵见表 9-9。

表 9-9　　　　　　　　　　运维检修成本与影响因素相关系数矩阵

指标	年最高温度	年最低温度	年平均湿度	平均负载率	最大负载率	污秽等级
成本	0.577*	−0.609*	0.595*	0.435*	0.496*	0.691**
年最高温度	1	−0.994**	0.988**	−0.002	0.387	0.514
年最低温度	−0.994**	1	−0.995**	−0.061	−0.378	−0.519
年平均湿度	0.988**	−0.995**	1	−0.199	0.385	0.481
平均负载率	−0.002	−0.061	−0.199	1	0.762**	0.122
最大负载率	0.387	−0.378	0.385	0.762**	1	0.362
污秽等级	0.514	−0.519	0.481	0.122	0.362	1

* 在 0.05 级别（双尾），相关性显著。

** 在 0.01 级别（双尾），相关性显著。

　　由于影响因素间存在较高的相关性，例如年最高温、年最低温、年平均湿度三者间相关系数达到 98%以上，说明当前筛选出的影响因素间独立性较弱，因此对上述影响因素进行主成分分析。影响因素方差贡献率分析表见表 9-10，提取方法为主成分分析法。

表 9-10　　　　　　　　　　　影响因素方差贡献率分析表

成分	初始特征值			旋转载荷平方和		
	总计	方差百分比	累积（%）	总计	方差百分比	累积（%）
1	3.029	50.487	50.487	2.988	49.802	49.802
2	1.846	30.763	81.249	1.878	31.302	81.104
3	0.997	16.609	97.859	1.005	16.755	97.859
4	0.116	1.938	99.797			
5	0.008	0.136	99.933			
6	0.004	0.067	100			

　　基于表中旋转载荷平方和可知，提取 3 个因子的方差贡献率达到 97.86%，说明提取的 3 个公因子足以代表全部的 6 个影响因素。运用主成分分析方法将影响因素划分为气象因子、负载因子、污秽因子，三类影响因子对运检成本的影响程度分别为 49.8%、31.3%和 16.8%。

　　根据各关键因素对变电站的影响形式，变电站运行成本与关键影响因素的关系如图 9-7 所示。

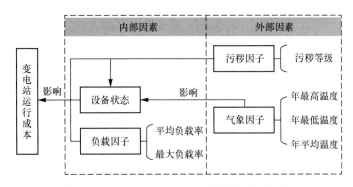

图 9-7　变电站运行成本与关键影响因素的关系

　　污秽因子、气象因子主要对设备的运行环境造成影响，导致设备的健康状态及质量下降，如设备锈蚀等，严重的导致设备发生缺陷、故障，进而影响了设备的运维检修成本支出；设备轻载或重载运行均会对设备状态造成一定程度影响，使得变电站全周期内的运行维护成本增加。

三、辅助变电站 GIS 布置方式比选

　　选取某供电公司 110kV 某变电站新建工程作为试点变电站，开展全寿命周期成本比选应用分析。某变电站本期建设规模为主变 2×50MVA、110kV 出线 2 回、10kV 出线 24 回、主变 10kV 侧装设（3.6+4.8）Mvar 并联电容器，静态投资为 4278 万元。

以工程项目初步设计评审中的静态投资为初始投资成本，则该 110kV 变电站户外 HGIS 布置方式的初始投资成本为 4278 万元；参考同规模变电站静态投资，若该变电站采用户内 GIS 布置方式，初始投资成本为 4896 万元；户外 GIS 布置方式初始投资成本为 3926 万元。

基于变电站全寿命周期成本测算模板，将该变电站的变电设备数量输入，得到不同 GIS 布置方式的运行成本（包括运维成本、检修成本和故障成本），即该变电站户内 GIS 布置方式的运行成本为 2272.83 万元，户外 GIS 布置方式的运行成本为 3748.42 万元，户外 HGIS 布置方式的运行成本为 3432.61 万元。报废成本按照初始投资的 5% 进行估算，则该变电站户外 HGIS 布置方式的报废成本为 213.9 万元，户内 GIS 布置方式的报废成本为 244.8 万元，户外 GIS 布置方式的报废成本为 196.3 万元。

基于变电站全寿命周期成本隐性成本因子评价指标体系，通过收资及专家调研，确定各指标的数值，待选方案隐性成本因子指标值见表 9-11。

表 9-11　　　　　　　　　　　待选方案隐性成本因子指标值

因素层	指标层	户内 GIS	户外 GIS	HGIS
设备管理因素	施工难易程度	0.45	0.50	0.40
	运检人员配置比例	0.88	1.09	0.99
	运检难易程度	0.40	0.50	0.35
	设备运行环境温度	2.00	3.00	2.50
环境保护因素	固体废弃物污染	0.35	0.30	0.25
	与通信设施距离	1150.00	1100.00	1100.00
	噪声污染治埋	0.20	0.25	0.25
	SF_6 气体泄漏	2198.80	2198.80	1374.25
社会效应因素	居民支持情况	0.70	0.50	0.55
	与当地文化适应性	0.85	0.70	0.70
	土地机会成本	358.88	583.18	448.60

基于熵权法—密切值法确定指标的权重，计算变电站不同 GIS 布置方式的隐性成本因子。同时，结合专家经验对隐性成本因子进行修正，修正后的隐性成本因子为：

$$\lambda_1' = 1.1613;\quad \lambda_2' = 1.2135;\quad \lambda_3' = 1.0152$$

根据该变电站户内外 GIS、户外 HGIS 布置方式的全寿命周期成本及对应的隐性成本因子，计算得到不同布置方式的修正全寿命周期成本，见表 9-12。

表 9-12　　　　　　　　　不同布置方式修正全寿命周期成本　　　　　　　　　　（万元）

布置方式	全寿命周期成本 LCC	隐性成本因子	修正全寿命周期成本 LCC'
户内 GIS	6924.03	1.1613	8040.63
户外 GIS	7478.12	1.2135	9074.90
户外 HGIS	7496.71	1.0152	7610.73

通过基于全寿命周期成本的变电站布置方式比选模型，测算得到不同布置方式的修正全寿命周期成本，该变电站采用户内外 GIS、HGIS 的修正全寿命周期成本分别为 8040.63 万元、9074.9 万元、7610.73 万元，户外 GIS 站修正全寿命周期成本较高主要是由于其占地面积较大，导致土地机会成本较低。根据修正全寿命周期成本的结果，对比得到户外 HGIS 布置方式的修正全寿命周期成本最低，为最终推荐方案。

第四节　实　施　成　效

一、迭代优化变电站全寿命周期成本测算模型

构建变电站全寿命周期成本测算模型，明确了全寿命周期各阶段成本归集要素及测算方法，并与实际变电运维检修工作相结合，优化全寿命周期运维检修成本和故障成本测算，为电网建设工程项目决策及时提供准确的全寿命周期成本数据信息，辅助方案论证。

二、明确变电站运检成本关键因素

电网设备运行期间易受到环境影响，使得设备元器件出现锈蚀、受潮、老化等问题，基于识别出的运检成本关键影响因素，结合变电站所处的地理环境情况及设备运行状态，对电网设备实行差异化运维管理，优化设备运维检修策略，保证设备安全稳定运行。

三、推进变电站设计方案全寿命周期成本比选

将全寿命周期成本管理方法应用于电网规划设计阶段，不仅考虑设计方案的初始投资，同时考虑整个规划的设计、运维、检修、故障及报废成本，在规划期即对各成本因素进行分析计算，以量化值作为决策的基本依据。针对规划设计中的不同方案，采用 SEC 比选、基于全寿命周期成本的规划比选等方法进行方案评价，实现电网供电能力、供电可靠性、经济性最优，有助于提高电网供电能力、提升电网安全水平、优选出"安全、高效、低成本"的综合最优方案。

第十章 资产管理展望

第一节 电网企业资产管理的发展趋势

在能源革命与数字化转型的浪潮下，电网企业资产管理正迎来前所未有的发展机遇与挑战。本节从政策形势、行业趋势等多个维度，对电网企业资产管理的未来发展进行了深入剖析与展望。

一、政策形势分析

近年来，构建新型能源体系、加快实现"双碳"目标成为国家能源战略的核心内容。在此背景下，电网企业需积极响应政策号召，推动能源结构转型，加快能源低碳转型步伐，提升能源利用效率。同时，新型电力系统的构建对电网企业资产管理提出了更高要求，需要电网企业加强技术创新，优化能源结构，提高电力系统的智能化和信息化水平。

1. 构建新型能源体系，加快实现"双碳"目标

构建现代能源体系是保障国家能源安全、力争如期实现"双碳"目标的内在要求。2022年初，国家发展改革委、国家能源局发布《"十四五"现代能源体系规划》，提出能源保障更加安全有力、能源低碳转型成效显著、能源系统效率大幅提高、创新发展能力显著增强、普遍服务水平持续提升五大目标，强调技术创新在能源发展中的关键作用，通过提升能源利用效率，降低能源消耗强度，推动能源行业持续健康发展。

党的二十大报告面向我国长远发展需要，明确强调"加快规划建设新型能源体系"。为落实建设新型能源体系工作部署，国家能源局指出，要构建新的能源结构，非化石能源逐步替代化石能源成为主体能源；要推动新的系统形态，新型电力系统、化石能源低碳零碳化利用等加快涌现；要形成新的产业体系，以高水平科技自立自强加快形成能源领域新质生产力；要保障弹性韧性的供应链，有力保障极端天气等各类条件下的用能安全；要落实新的治理体系，各种要素资源实现灵活高效配置。

2. 构建新型电力系统，实现能源高质量发展

以新能源为主体的新型电力系统是新型能源体系的重要组成部分和实现"双碳"目标的关键载体。2023年7月，中共中央全面深化改革委员会第二次会议审议通过了《关于深化电力体制改革加快构建新型电力系统的指导意见》，"意见"提出了要加快构建清洁低碳、安全充裕、经济高效、供需协同、灵活智能的新型电力系统，推动能源生产和消费革命，保障国家能源安全。以科技创新为动力，优化能源结构，构建智能化、高效率、低碳排放的新型电力系统。加强清洁能源和可再生能源的开发利用，推动电力市场的公平竞争，鼓励技术创新和模式创新，以提高电力系统的智能化水平和信息化能力，为电力行业实现可持续发展持续助力，为构建绿色低碳的经济体系提供有力支撑。

3. 赋能中部崛起，推动区域经济协同发展

湖北位于中部地区崛起、长江经济带发展、长江中游城市群发展、"一带一路"等战略的交汇点，战略地位尤为突出。2024 年 4 月 19 日，中共湖北省委十二届六次全体会议审议通过《关于奋力推进中国式现代化湖北实践加快建成中部地区崛起重要战略支点的意见》，明确要抓住促进中部地区崛起战略机遇，立足省情实际，以更加奋发有为的精神状态加快建成中部地区崛起重要战略支点。在中部崛起高质量发展阶段，湖北锚定"建成支点、走在前列、谱写新篇"目标，明确打造具有全国影响力的科技创新中心、中部绿色崛起先行区等发展定位，在更高起点扎实推动中部地区崛起的新形势、新要求。

二、电力行业发展趋势

在政策导向、环境变迁、经济格局等多重因素的影响下，我国电力行业正逐步迈向数字化、清洁化、透明化、国际化的新时代。面对行业变革，资产管理领域发展应紧密贴合行业趋势，精准发力，为电力行业的可持续发展提供坚实支撑。

1. 数字化方向

随着电力系统数据量的急剧增长和复杂性的提升，物联网、云计算、大数据等技术正在逐步融入并优化电力系统的运营，电力行业向数字化和智能化转型的趋势日益显著。通过应用信息技术和大数据分析技术，实现更高效的数据处理、更精准的预测和更智能的决策。同时，智能电网的建设将进一步提高电力系统的可靠性和运行效率，为用户提供更优质的服务。这些变革将推动电力行业不断向前发展，为社会的可持续发展做出更大的贡献。

2. 清洁化方向

"十四五"规划提出，电力行业要深化供给侧结构性改革，发展低碳电力，实现电力行业的清洁、高效和可持续发展。大容量储能技术、清洁能源发电机组控制技术、清洁能源并网运行控制技术等领域将得到持续推动，为实现清洁能源发电承担主要发电任务的目标提供有力支撑。同时，需推动适应可持续发展的能源生产和消费方式，持续优化能源结构，提高清洁能源的比重，促进可再生能源的合理高效利用。

3. 透明化方向

电力市场改革和新能源革命使得电力系统信息量剧增，电力行业发展日渐透明化。"透明电网"即是将信息技术、数据通信技术、传感器技术、电子控制技术、互联网技术与电力系统深度融合，基于智能软件系统，实现电网的智能分析、智能决策、智能管理、智能运行，推动社会各方广泛参与电力生产、传输、消费等各个环节，协同促进能源电力的安全高效、绿色低碳发展。

4. 国际化方向

作为国家的核心基础设施，电网在推动经济发展和国际产能合作中发挥着关键作用。近年来，我国电网企业积极响应"一带一路"倡议，凭借在技术、管理、设备和资金等方面的优势，大力拓展海外业务，深度参与全球能源治理，推动电力行业快速发展。电网的国际化进程不仅深化了我国与世界各国的能源合作关系，还引领能源外交进入新阶段，为全球能源安全和可持续发展提供了中国智慧和中国方案，注入了新的动力。

第二节 电网企业资产全寿命周期管理发展机遇

随着"十四五"规划的深入实施，数字化、智能化已成为推动电力行业高质量发展的重要引擎。在"双碳"目标、新型电力系统建设以及数智化转型的大背景下，电网企业资产全寿命周期管理正迎来前所未有的发展机遇。本节将深入探讨这一领域的新机遇，并展望其未来的发展趋势。

一、"双碳"与新型电力系统：推动资产全寿命周期管理持续发展

引入资产全寿命周期管理理念，构建以新能源为主体的新型电力系统，助力电力行业实现"双碳"目标，是保障能源安全、促进生态文明建设的重要战略选择，更是科学技术加快突破推动能源产业链转型升级的重要抓手。电网企业应增强环境保护、节能减排等绿色发展意识，构建结构合理、安全可靠、经济高效、绿色环保的网架结构，确保网架规划与负荷情况、电源发展实际情况相契合。在电力系统数字化、清洁化、透明化、国际化趋势下，企业应注重可再生能源发展，持续加强可再生能源并网接入和消纳能力，落实智能电网规划，为构建新型电力系统提供助力。

国网湖北电力充分发挥湖北作为长江经济带中心位置、中部崛起战略支点的区位优势，协同推进新型电力系统建设和电力绿色低碳发展。在保障绿色低碳电力供给、推进自身加快碳达峰的同时，充分发挥电网在新型电力系统和新型能源体系中的核心作用，联通全国华北、华中、华东、西南、南方五大区域电网，建成西南水电和沙戈荒新能源西电东送、北电南送的互联坚强枢纽，服务全国新型电力系统建设，支撑湖北实现"双碳"目标。加快建设安全充裕的新型电力系统，树立底线思维，突出快速响应、防灾抗灾能力，补强电网结构，构筑新型电力系统安全主动防御体系；构建煤电和水电兜底、新能源为主体、外来电力为补充、负荷资源可调可控的供需协同供电体系，不让"发展等电"。建设主动平衡的新型电力系统，逐级挖掘源网荷储资源潜力，主动构建各电压等级、各种规模的平衡组群，均衡下级电网负载率，缓解上级消纳压力和控制复杂程度，尽量减少电网设施大规模扩建，实现供需协同、经济高效。

二、数智化转型：引领资产全寿命周期管理创新步伐

为全面落实"十四五"发展战略，全面赋能数智化坚强电网建设，国网公司提出以构

建现代设备管理体系建设为指引，深度融合数字技术和设备管理，以提升设备管理质效为核心，以价值创造为目标，以基层减负为导向，围绕 PMS3.0 实用化、规模化应用"一条主线"，提升电网资源业务中台服务化、数字技术实用化、标准规范体系化"三项支撑能力"，全力推进设备、作业、管理、协同"四个数字化"，构建业务运营、人才培养"两个管控体系"，加快打造设备数智化管理综合示范区，推进数字设备建设、作业方式升级、管理模式变革、专业协同发展，推动设备管理现代化。

国网湖北电力充分发挥科技创新主体作用，强化科技自立自强，聚焦面向未来的能源电力关键核心技术，加大攻关力度，以科技创新推动产业创新，拓展产业发展新业态新模式。坚持以数字赋能电网转型，为中部崛起建设提供坚强能源引擎，以规模化、实用化为目标，着力实施"1+5+N"电网数智化水平提升工程，实现电网数字化水平、智能化水平双提升，推动湖北电网数智化建设取得突破性进展。

数智化电网建设思路如图 10-1 所示。

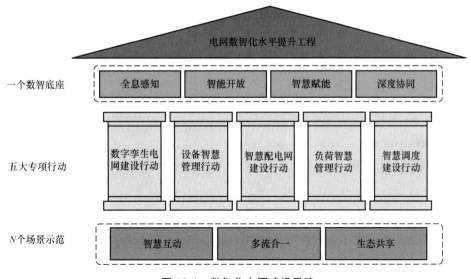

图 10-1 数智化电网建设思路

1：打造"一个数智底座"。依托电网资源业务中台等资源，融合数字孪生、人工智能等先进技术，将实体电网在数字空间进行动态呈现，运用强大的"算力""数力"和"智力"，开展计算推演、辅助决策、精准控制，为提升电网数智化水平奠定基础。

5：开展"五大专项行动"。实施电网数字孪生平台建设、设备智慧管理、智慧配电网建设、负荷智慧管理、智慧调度建设专项行动，提升设备精益运检、配电网运行控制、电网主动防御、电力电量调节、负荷柔性互动等能力。

N：实现"N 个场景示范"。加强示范引领，打造一批智慧互动、多流合一、生态共享的示范样板，形成具有湖北特色的电网数智化应用新格局。

参 考 文 献

[1] 蒋晓军. 国外电网资产全寿命周期管理经验借鉴研究[J]. 财经界，2010(01): 202-204.

[2] 杜尚春，焦剑峰，王虎. 基于定价成本监审的固定资产管理优化策略研究[J]. 纳税，2020，14(03): 209-210.

[3] 陈正飞，王嘉豪，黄珊. 电网企业有效资产分析及有关建议[J]. 中国电力企业管理，2021(22): 51-54.

[4] 周成城. 用户资产定价成本核算探析[J]. 中国电力企业管理，2020(10): 69-71.

[5] 王永超，陈正飞. 输配电价改革试点中的关键问题研究[J]. 中国电力企业管理，2020(31): 58-61.

[6] 李自昌. 政府监管下的电网企业资产价值管理有关问题思考[J]. 新理财，2021(01): 42-45.

[7] 金和平，柳东，张睿，等. 基于 BIM 的水电资产全生命周期管理系统架构及实践[J]. 水电与抽水蓄能，2021，7(04):7-14.

[8] 蒋毅，潘志敏，邓集. 电网企业项目资产全生命周期管理组织协同机制研究[J]. 项目管理技术，2019，17(08): 132-136.

[9] 白雅静. 基于物联网的智能电网资产全生命周期管理研究与应用[J]. 科技与创新，2018(16): 64-67.

[10] 苑经纬，王勇，张哲，等. 基于全寿命周期成本的变电设备技术改造工程应用研究[J]. 东北电力技术，2021，42(11): 1-4+23.

[11] 赵文萍. 供电企业资产精益化管理的优化及应用研究[J]. 纳税，2021，15(17): 189-190.

[12] 伍亚萍. 抓好"12345"构建深化电网资产全寿命周期管理体系[J]. 电力勘测设计，2018(S2): 145-151.

[13] 冯潇楠，白煜，周仁，等. 建立全过程绩效评估考核体系 深化资产全寿命周期管理体系应用[J]. 现代国企研究，2019(02): 116-117.

[14] 李喆. 电网工程项目技经管理思考[J]. 中国电力企业管理，2020(33): 46-47.

[15] 张弟才. 浅议水电企业废旧物资与固定资产处置管理[J]. 中国国际财经（中英文），2017(14): 295-296.

[16] 常小罡. 电网建设工程通用造价管理模式探讨[J]. 工程建设与设计，2018(24): 245-246.

[17] 蒋毅，潘志敏，邓集. 电网企业项目资产全生命周期管理组织协同机制研究[J]. 项目管理技术，2019，17(08): 132-136.

[18] 周文博，姜丹. 基于大云物移智新技术应用的电网企业"三流合一"管理创新研究[J]. 企业管理，2018(S2): 360-361.

[19] 林小飞，蔡梅江，徐有情，等. 基于业财融合的电网企业单体变电设备价值精益管理与应用体系研究[J]. 财政监督，2020(17): 101-104.

[20] 韩勇，江新. 输配电价改革下电网资产全寿命周期成本管理的研究[J]. 现代经济信息，2016(15): 170+172.

[21] 潘志敏，蒋毅，周凯兵. 电网企业项目资产退役及再利用管理机制研究[J]. 项目管理技术, 2019, 17(11): 115-119.

[22] 李智威，贺兰菲，唐学军，等. 基于大数据的电网实物资产分析评价系统设计与实现[J]. 电气技术, 2019, 20(06): 74-80+98.

[23] 许玉斌. 引领战略全面落地"五级贯通"的组织绩效管理新模式[J]. 企业改革与管理, 2021(18): 98-99.

[24] 李晓诠，郭建涛，高爽，等. 资产全寿命周期管理在基层单位的实践研究[J]. 环球市场信息导报, 2017(45): 34-36.

[25] 陈宇，杨善秋. 电网资产统一身份编码信息系统建设及应用[J]. 电力信息与通信技术, 2018, 16(01): 102-105.

[26] 赵文萍. 供电企业资产精益化管理的优化及应用研究[J]. 纳税, 2021, 15(17): 189-190.

[27] 卫璞，李旭阳，刘启明. 用于分析电网实物资产的综合评价指标体系构建[J]. 绿色科技, 2020(24): 42-44.

[28] 陈宇，杨善秋. 电网资产统一身份编码信息系统建设及应用[J]. 电力信息与通信技术, 2018, 16(01): 102-105.

[29] 赵文萍. 供电企业资产精益化管理的优化及应用研究[J]. 纳税, 2021, 15(17): 189-190.

[30] 林小飞，蔡梅江，徐有情，等. 基于业财融合的电网企业单体变电设备价值精益管理与应用体系研究[J]. 财政监督, 2020(17): 101-104.

[31] 金小伟，孙世文，岳海峰，等. "四化融一"智慧财务管理体系构建与实施[J]. 创新世界周刊, 2020(07): 54-65.

[32] 岳海峰，杨颖，刘庭军，等. 以提质增效为目标的"释能、转化、激活、推进"四环动力系统[J]. 创新世界周刊, 2021(10): 92-101.

[33] 李平文，金亮，王森. 多维精益管理体系变革助力公司高质量发展[J]. 河南电力, 2019(11): 57-59.

[34] 傅冬兰. LCC 理论下中小企业供应商的选择和评价[J]. 现代企业, 2017(12): 31-32.

[35] 王伟，胡全贵，孙赛军，等. 构建基于项目全过程管理的多维精益质效评价体系[J]. 当代会计, 2021(05): 181-182.

[36] 武宇平. 生产成本精益管理[J]. 华北电业, 2021(12): 11.

[37] 张新波，张晓虹. 供电企业财务多维精益化管理[J]. 中国电力企业管理, 2019(35): 40-41.

[38] 郭捷，邓正炜，魏梦真，等. 基于作业成本的电网企业检修运维预算管理策略研究[J]. 时代经贸, 2020(01): 83-85.

[39] 毛育冬，娄欣轩，陈世剑，等. 国家电网生产运营作业标准成本体系建设与应用[J]. 财务与会计, 2021(23): 20-22.

[40] 唐笑一，陈茂源，胡满，等. 基于作业成本法的电网调度资产运检成本定额研究[J]. 企业改革与管理, 2020(07): 136-137.

[41] 叶欣，王晓东，张阁. 电力系统现有行政交换网向 IMS 网络迁移演进方案研究[J]. 吉林电力, 2019, 47(01): 10-13.

[42] 李智威，孙利平，唐学军，等. 输电线路经济寿命计算与验证研究[J]. 电气技术与经济，2018(05): 17-21.

[43] 贺光学，薛晓琳，王志国，等. 以设备科学评价助力经营科学决策[J]. 国企管理，2020(18): 82-99.

[44] 林海峰，凌玲. 基于数据驱动的供电企业价值量化管理模式研究与实践[J]. 企业管理，2019(S2): 272-273.

[45] 陈愿. 基于威布尔分布的某电子部件贮存可靠性寿命评估[J]. 电子元器件与信息技术，2019(01): 1-4+14.

[46] 李斯琪，巨汉基，庞富宽，等. 采集终端寿命分布模型的参数估计方法分析[J]. 华北电力技术，2017(07): 42-46.

[47] 朱鑫鑫，张军. 基于LCC的变压器改造项目经济效益评估研究[J]. 中国电力企业管理，2019(03): 70-72.

[48] 董祯，吴磊，刘光辉. 电网生产技改大修立项辅助决策研究[J]. 企业管理，2017(S2): 198-199.

[49] 张佳栋，周亮，孙进. 基于全寿命周期成本的35kV断路器设备改造策略[J]. 光源与照明，2021(02): 75-76.

[50] 倪久祥，文豪，王贻杰，等. 技改大修工程服务进度管理精益提升研究[J]. 管理观察，2018(15): 48-50.

[51] 王晓晖，范辉. 构建电网企业综合计划管理体系[J]. 中国电力企业管理，2017(01): 66-67.

[52] 张佳乐，张秀芳，张桂玲. 基于模糊综合策略的用户行为评估方法[J]. 计算机技术与发展，2017, 27(05): 138-143.

[53] 周波，丁荣，徐宁，等. 变电站主变压器布置方式技术经济分析[J]. 山东电力技术，2020, 47(06): 23-28+51.

[54] 张颖. 变电站全寿命周期管理应用研究[J]. 低碳世界，2017(02): 129-130.

[55] 喻小宝，郑丹丹，杨康，等. "双碳"目标下能源电力行业的机遇与挑战[J]. 华电技术，2021, 43(06): 21-32.

[56] 史玉波，周孝信，薛禹胜，等. 科学构建新型电力系统，推动能源电力产业链升级[J] 科技导报，2021, 39(16): 53-55.

[57] 佚名. 系统进化论 时代的选择 上篇[J]. 华北电业，2021(08): 10-11.

[58] 赵凝. 分析电力系统信息通信网络安全及防护策略[J]. 电子元器件与信息技术，2022, 6(01): 255-256.

[59] 徐杨，马莉. 我国电网企业"走出去"现状与前景[J]. 中国电力企业管理，2020(04): 61-62.

[60] 丁玉贤，张垚，孙维娜. 浅谈构建能源互联网的意义与对策[J]. 内蒙古科技与经济，2020(12): 73-74.

[61] 吴健宝. 物联网在电力行业的应用[J]. 科技创新与应用，2022, 12(02): 174-176.

[62] 麦炎胜. 物联网技术在电力行业的应用[J]. 电气时代，2018(12): 85-86.

[63] 梁冰，郑锐涛. 大数据技术在电力行业中的应用研究[J]. 企业科技与发展，2021(05): 156-157.

[64] 史明亮. 探析新能源发电与分布式发电及其对电力系统的影响[J]. 现代制造技术与装备，2021, 57(09): 84-85.

后　记

　　资产全寿命周期管理作为电网企业设备资产管理的重要管理工具，其重要性不言而喻。本书全面介绍了资产全寿命周期管理基本概念及发展历程、资产全寿命周期管理体系的目标及意义、资产全寿命周期管理体系的总体架构和运转机制、相关工作实践等内容，对电力行业资产全寿命周期管理工作进行了全面的剖析。我们希望借由本书，帮助读者更好地厘清资产全寿命周期管理工作的脉络，把握未来发展趋势。

　　2014年，国网湖北电力响应国网公司号召，正式启动资产全寿命周期管理体系建设；2015～2018年，逐步开展单体资产成本归集与分摊、实物"ID"建设工作等研究，推进数据应用价值挖掘，开展资产现状评价分析及信息系统建设，初步建立资产及资产管理绩效监测体系，资产管理体系与业务深度融合机制成效逐渐凸显。

　　2019～2020年，国网湖北电力资产全寿命周期管理体系不断完善。按照资产全寿命周期管理"1146"总体思路，围绕"建设具有卓越竞争力和持续生命力的资产全寿命周期管理体系"的长期目标（一个目标），抓好"管理要素完备、流程协同高效、业绩成效显著"的主线（一条主线），持续完善"管理战略决策、管理业务执行、基础支撑保障、监测评价改进"体系（四个体系），抓实"设计、物资采购、工程建设、运维检修、退役报废和成本"等关键业务环节（六个环节），全面开创资产全寿命周期管理新局面。

　　2021年，国网湖北电力坚持设备管理与价值管理并重，开展资产全寿命周期管理三年提升，推动资产全寿命周期管理工作迈入高速发展阶段。经过十余年探索，国网湖北电力已形成一系列具有国网特色的理论基础和研究成果。2024年，国网湖北电力为全面贯彻"站稳国网第一方阵、建设世界一流企业"高质量发展目标，加快构建现代设备管理体系，计划利用2024～2025两年时间实施资产全寿命周期管理深化提升行动，迈出资产全寿命周期管理新步伐，谱写资产全寿命周期管理新篇章。

　　国网湖北电力资产全寿命周期管理工作，从最初的紧跟国网公司步伐，到不断提出更高的标准、更严苛的要求，探索资产全寿命周期管理领域的创新性研究，最终将我们的研究成果和实践展现在各位读者眼前。本书的编著凝聚了国网湖北电力人多年心血，我们基于沉淀多年的研究成果，着手组建书籍编制团队，明确书籍的目标受众和主题，确定书籍的整体结构和章节分布，制定形成了详细的大纲；按照大纲框架，初步形成书籍初稿，组织行业专家、教授学者对本书进行多轮审稿，收集反馈并进行相应的修改，历经多年的打磨，于2024年年初完成了本书的编制。

　　在撰写本书的过程中，我们深感电力行业的复杂性和变化性。技术的飞速发展、市场的不断变化、政策的不断调整，在保障能源安全、实现"双碳"目标、构建新型电力系统等方面提出了更高的要求。同时，日益趋严的电价核定、成本监审等也带来不小压力，都使得电力行业的发展充满了不确定性。然而，正是这种不确定性，也带来了无限的可能性。资产全寿命周期管理是一个充满挑战和机遇的领域。作为电网企业战略体系的重要组成部分，资产全寿命周期管理体系是落实电网企业高质量发展、数智化坚强电网建设要求的关键举措，是电网企业经营活动高效运转的管理方法，是现代设备管理体系建设的主线之一，是各部门、各专业管理体系协同的桥梁和纽带。我们希望本书的出版能够成为您探索这个领域的一把钥匙，为各位读者的学术研究或实际应用提供有益的参考。

最后，随着科技的不断进步和行业的快速变革，资产全寿命周期管理将继续顺应电力行业发展趋势，实现更高水平的数字化和智能化，迎来更广阔的发展空间。在未来的日子里，让我们共同期待资产全寿命周期管理专业的持续创新，为电力行业的繁荣发展贡献力量。

姚志荣

2024 年．武汉